全域视角下学校"五育"并举的实践与创新

胡建明◎著

上海教育出版社
SHANGHAI EDUCATIONAL
PUBLISHING HOUSE

序

　　教育是人类社会发展进步的重要支柱，而学校作为教育的主要场所，不仅是学生接受知识的地方，更应该是培养学生综合素质的场所。习近平总书记在2018年全国教育大会上强调"培养德智体美劳全面发展的社会主义建设者和接班人"，提出了德智体美劳"五育"并举的总体要求，为学校教育改革和发展指明了方向。

　　本书正是以此为出发点，全面回顾学校的教育教学实践，汲取宝贵的教育智慧和行之有效的成功做法，密切关注新时代背景下教育发展的新趋势和新要求，以"立德树人"为根本任务，落实德智体美劳"五育"并举的总体要求，深入研究教育的本质和目标，科学规划教育内容和课程体系，探索多样化的教学方法和评价方式，提升学校依法治理水平，提升师资队伍师德师能，实现学生的全面发展。

　　本书共有十个章节，涵盖了学校发展、学生成长、教师提升、课堂优化、课程发展、体育教育、美育教育、劳动教育、生涯规划和学习拓展等多个方面的学校实践与创新。本人立足所在学校的丰富教育实践和经验，结合自身的理论学习和思考，将最基层的教育实践和探索成果分享给读者，期望能给广大的教育工作者提供一些有益的启示和实践的共鸣。

　　本书试图站在全域的视角，立足当下，面向未来，通过多种实践案例和具体的教育教学设计，向读者展示如何在学校教育中贯彻"五育"并举的理念。这些案例和教学设计具有很强的可操作性，能够帮助教育工作者更好地实现学校教育的全面发展目标。同时，本书也非常注重实用性，对于学校管理、教师发展、课程改革等方面的问题，提供了很多实用的解决方案和操作指南。这些方案和指南都经过了实践的检验，具有很强的借鉴性和实用性。本书中引用的一些案例是由作者所在学校老师和学生提供的，在此表示衷心的感谢。

本书所涉及的各个方面,不仅是对"五育"教育理念的自觉践行,更是在实践中,形成了独具特色的教育体系和教育文化。这些丰富多样的教育实践,让学生不仅具备了扎实的学科知识,更培养了自主学习、创新思维、合作精神、情感态度等多方面的能力。特别值得一提的是,无论是课程教学改革、教师专业成长,还是学生德智体美劳的培育,学校的这些实践没有停留在理论层面,都是实实在在的具体操作。学校将"五育"并举理念融入具体的教育活动中,比如各种特色创建、主题活动节、校外研学、社团活动等,让学生在各个方面都得到全面的锻炼和提升。这些实践经验不仅对于当下的教育实践有着重要的参考价值,更是对未来的教育发展提供了重要的启示。未来的教育应该更加注重学生的全面发展,打破传统的教学模式,通过各种多元化的教育形式,培养学生的创造力、实践力、领导力等综合素质,从而让学生能更好地适应社会发展的需求。

需要强调的是,教育是一项持久的事业,需要我们持续地关注和投入。教育不是一蹴而就的,而是需要一批又一批的教育工作者在实践中不断探索和创新,需要我们对于未来充满信心和勇气。《全域视角下学校"五育"并举的实践与创新》一书的整理出版,既是为了对我们学校的教育实践做一个全面的梳理,希望这些实践经验对于广大教育工作者和学生家长能有一定的借鉴意义,同时也更是为了教育的创新和突破,为教育未来的发展提供一些有益的启示和参考。让我们共同努力,共同关注教育、投入教育、改善教育,实现人民对于优质教育的美好愿景。

胡建明

目 录
CONTENTS

第一章　学校的发展根基

——黾勉求进的八十余年

第一节　学校的发展历程

在上海市金山区千年张堰文化名镇的核心区域,毗邻著名的南社纪念馆、上海华侨书画院,在留侯张良曾经驻足流连的千年留溪侧畔,有一个建于1937年的学校,这就是"上海市张堰中学"。在上海金山教育史上,张堰中学有着特殊地位,起过特殊的历史作用。

张堰中学是个有历史文化沉淀的学校,曾被冠名"浦南名校",始建于1937年8月。张堰中学的前身是张堰初中补习班,当时校舍设于张堰镇卢家祠堂。1942年,学校定名为"张堰书院",由本邑教育界人士任道远担任院长。1945年8月,方冲之等接办该书院,易名为"私立浦南中学",并组建校董会,设置3个初中班,学生100余人,教职工11人。民国时期曾任江苏省省长的陈陶遗、著名天文学家高平子、著名书画家白蕉等,先后参与办学或任教。1946年2月,方冲之为校长,扩地建房艰苦经营,学校初具规模,占地面积5亩,首届初中毕业生17人。

1949年,金山县人民政府接办私立浦南中学,改为公立金山县张堰初级中学。学校后又增设高中班,学生达400余人,有10个班级,为完全中学,从此更名为"金山县张堰中学"。到1978年,张堰中学被县教育局直接领导,并确定为金山县重点中学。当时,学校有12个初中班和12个高中班。1997年,学校成为全日制高级中学,定名"上海市张堰中学",并提出"抓住机遇、办好张中、办出质量、办出声誉"的目标。2009年12月,学校成为金山区实验性示范性高中。在这多年的办校历程中,张堰中学先后荣获金山县(现金山区)文明单位、上海市文明单位、上海市安全文明校园、上海市先进基层党组织、上海市依法治校示范单位、上海市中学生行为规范示范学校、上海市优秀家长学校、上海市中学共青团工作特色单位等荣誉,彰显了学校的办学成果。

张堰中学是个有人物、出人才的学校,学校代有才人出。创始人任道远毕业于复旦大学法学院,20岁出头就正式出版译著《现代美国政府》,后为上海外国语学院教授;教师白蕉擅金石书画,书法闻名上海,被誉为"于二王功力最深,当代一人",尤以画兰独领风骚;临时校长曹中孚擅长中医学,曾挂牌为中医,有儒医之称;首任校董会主席陈陶遗曾担任江苏省省长;校董会主席高平子是中国近现代天文学开拓者,1982年,他的名字被国际天文学联合会用以月球环形山的命名;校董叶雪安毕业于同济大学土木系,获得德国特许工程师学位,后任同济大学工学院院长,是一级教授、著名大地测量学家,被誉为我国测量学界一代宗师。青出于蓝而胜于蓝,在校史上培养出1963届高中校友吴忠泽等部局级领导干部;1944届初中校友顾宏中、1980届高中校友夏振炜等教授、博士生导师;1970届初中校友高华林、1985届高中校友裴根宝等全国"五一"劳动奖章、全国优秀教师获得者;1950届初中校友陆文越等特级教师(校长)。一部校史就是一部教书育人的人才史、发展史,显现的是学校比较厚实的历史底蕴和有文化内涵的兴教育人传统,历史会镌刻和铭记所有对金山教育和张中教育做出贡献的人和事。

张堰中学是个有特色的学校。金山区委、区政府、区教育局历任领导都很重视张中教育,使张中教育的面貌焕然一新。张堰作为江南文化名镇,尊重知识、尊重人才已蔚然成风,历届党委、政府领导都建立教育奖励基金。学校每年开办"教师节"庆祝大会,并设立专项表彰以奖励优秀教师。上级领导对张中教育的发展情有独钟,创造了很好的基础教育发展环境,文教小镇实至名归。创办一流名校和特色学校是几代张中人面向未来的志向、情怀和追求,其历史有自己的辉煌,也有曲折和失落,既有一跃向前的勇气担当和成功,也有失之交臂的机遇。张中人践行以德育人、砥砺求索,八十余载风雨成就张中教育的不凡和特殊的气质。八十余年办学,留溪园桃李芬芳,张中人积淀凝聚"自主自强、全面发展"的办学理念,"团结、勤奋、创新、求实"的治教风格,学校培育、涌现了一大批特级教师领衔的优秀教师团队和知名校友影响示范的优秀学生群体。

学校的办学特色经历了一个发展变化的过程。1989年,金山县教育局提出创办"办学有特色,教学有特点,学生有特长"的特色学校。1995年,学校开始尝试培育围棋特色项目。2009年,学校被命名为金山区实验性示范性高中。2011年,学校"十二五规划"提出成立围棋社团,形成围棋教育特色。2015年,学校被命名为上海市体育传统项目学校。2016年,学校"十三五"规划提出要在"十三五"期间办成一所适合学生多元优质发展、以人文教育为特色的学校。2016年,学校被确定为上海市人文教育特色普通高中建设项目学校,初步形成以人文育德立校,特色内容多元,具有特色师资、项目、课程、区域性影响的学校。2021年,学校"十四五规划"根据区教育局整体规划,学校特色创建由原来的"人文特色"调整为"天文特色"。基于学校深厚的天文教育历史底蕴和广泛的科普教育办学基础,确立开展天文科技特色教育创建,打造以天文为主题特色的示范性科普教育基地。学校于2022年被中国宇航学会评为"全国航天特色学校"。

如今,学校通过引导、激励全体师生提升以核心素养培育为中心的素质教育,聚焦"双新"课程建设,促进教师和学生的全面发展,提高学校的办学水平和品质,提升学校的示范引领作用,扩大学校的竞争力和影响力;同时,展示学校美好未来愿景的感召力和发展力,抓住新的发展机遇,如日出时那跃出海平线的红日,铸就新的辉煌。

第二节　学校的现实背景

作为上海远郊的一所区实验性示范性高中,同上海其他各高中学校同龄学生相比,学生进校时的知识基础、学习兴致以及潜力发展等多方面为中等良好水平。学校以"为了每一个学生的终身发展"为核心,以"立德树人"为根本任务,以

"全面发展"为逻辑出发点,以"核心素养培育"为重点,"五育"并举,不断提高学生的创新能力和实践能力,力争把学生培养成信念坚定、品能兼优、明礼守正、健康勤劳,能为新时代发展贡献力量的社会主义建设者和接班人。经过高中三年的学习生活,学生高三毕业时的学业水平、自主管理、规划未来的能力和意识上都表现突出,提升明显。

学校始终坚持贯彻党的教育方针,继承学校优良的办学作风,积极探索能实践"自主自强、全面发展"办学理念的有效途径、模式和策略,重点推进学校课程体系和骨干队伍建设,把学校办成一所"特色彰显、成效卓著、开放融合"的上海市知名高中。

学校占地面积 34 920 平方米,建筑面积 25 816 平方米。校内教学办公楼宇有成章楼、明德楼、白蕉楼、平子楼、健行楼,两幢学生宿舍清心阁、弘毅轩,一幢教师学生食堂远香楼。另配有一块有 250 米塑胶跑道的田径场、一个室内球类馆、两个室外篮球场和一个曲棍球场。配置三个计算机专用教室和一个英语听说模拟训练专用教室。校内图书馆现有各类藏书 4.8 万余册。

教师队伍建设是学校发展的生命之源。学校以教师的专业化发展为目的,围绕"学科核心素养培育"和新教材、新课程改革,创新校本师训模式,实施"四维四阶"教师队伍建设行动计划,探索不同阶段教师全方位的专业发展机制,把教研、科研和培训结合起来,达到"教、研、训"一体化,努力打造一支"敬业爱生、勤研善教"的专业化教师队伍。学校现有 125 名教职工,其中专任教师 113 人。教师中,上海市特级教师 1 人,中学正高级教师 2 人,中学高级教师 28 人,硕士研究生 16 人,区学科骨干 21 人。学校教师平均年龄约 40 岁,青年教师多,正处于追求事业的最佳年龄段。专业骨干教师(区学科导师、学科带头人、特级教师、正高级教师等)队伍成熟,约占专职教师的30%。在特级教师、正高级教师及专家教师的带领下,一批有影响力的中青年骨干教师脱颖而出。近年来,学校教师在各类报刊上发表文章数百篇,主编或参编专著、教参数十册,多人参与市级科研课题的研究。

　　"百年大计,教育为本;教育大计,教师为本;教师修养,立德为本。"学校一贯重视师德师风建设,严格落实教育部《中小学教师职业道德规范》等相关政策要求,通过建立健全师德考核体系,并在年度考核时增加对师德和育德能力方面的考察,把"师德一票否决制"运用于各类推优评先、名师骨干教师评审及岗位聘任、教师奖励、绩效考核等工作中,并严格落实执行。学校每年会组织开展多层面、多维度、多形式、全方位的"师德师风建设月"系列活动,树立先进典型,召开表彰大会,签订廉洁从教承诺书,开展教育论坛,全面加强和推进学校师德师风建设。多年来,学校自觉履行公共责任,坚持"学校在社区,服务为社区"的指导思想,发扬志愿服务精神,以党建带团建、教师引导学生,实现全员参与志愿服务,踏实做好公民应尽义务,为社会和谐发展尽一份绵薄之力,真正做到由校园走向社会,不断提升自我,完善校园精神文明建设。经过多年的努力,学校在各层面均受到广泛好评和充分肯定。

　　课堂教学是提升教学质量的主阵地。学校贯彻"立德树人"的育人观,推进国家课程和学校特色课程的有效落实;围绕学科核心素养,优化学校课程设置;融合学校天文特色,架构"品能兼备、学究天人"的课程体系;优化学校课程管理,形成"五环四案"为核心的单元教学模式;推进"走班制教学""学分制评价"和"导师制引领"的学生成长培育方案;丰富学校特色课程资源,提升特色课程品质,满

足学生全面成长需要。在扎实落实好国家课程的基础上,结合办学理念和办学目标、特色学校创建和学生发展需求,开发校本系列选修课程。在"学科有强项、特色能彰显、师生更和谐"的办学目标引领下,学生的学习能力和创新实践水平不断得到提升。学校高考升学率逐年上升,本科上线率连续五年高于90%。近年来,学校不断丰富校园文化的内涵,以人文育德立校,打造了富有特色的校园文化品牌。

"任道远铜像"立意高远。任道远先生是张堰中学的创始人,生于1910年,是金山张堰人,毕业于复旦大学法学院。1937年8月回乡,借卢家祠堂创办张堰初中补习班。1942年2月,借张堰图书馆、姚氏宗祠做校舍,创办张堰书院,任院长兼英语教师。他兴办教育,组织校董会,招贤纳士,宣传"科学、民主、自由"的教育理念,为普及文化、启迪民智做出了巨大贡献。学校建立建设承载学校记忆和历史意义的有形文化建筑——先贤青铜像,旨在纪念为教书育人做出杰出贡献的乡贤楷模;激活省思以铜像人物为中心的历史文化记忆;对教师和学生进行爱国、爱家乡、爱校的校史传统人文教育。

"百年张中,八秩风华"——张堰书院,源于1942年8月创建的校名,坐落于学校明德楼三楼,面积200多平方米,定位于打造上海基础教育领域最好的博物馆式校史教育场馆,成为学生成长过程中汲取营养和智慧的阅历和标配。校史馆设计特点为博物馆式建筑风格,规划展示三个单元:峥嵘岁月、盛世华章、开启未来。以人和物为中心,通过文博专家主导、专业的故事化的叙事讲解方式,以史系人、系事,展现创造校史的人、事、物。2020年,"张堰书院"被评为金山区第五批"市民修身基地";2021年,"张堰书院"被评为金山区爱国主义教育基地。学校坚持把"以史鉴今、文化育人"作为根本任务,实行校史馆预约制对外开放,组建校史宣讲志愿服务队,充分发挥校史馆的文化育人价值,全方位展示学校86年的办学风采画卷,让更多的人零距离接触张中历史,了解张中文化,追寻文脉之根。

2016年3月,学校成为上海市首批被命名的戏剧特色学校之一,并与上海戏剧学院签约共建。同年12月,与上海越剧院签约战略合作,成为上海越剧院的越剧教学传承实践基地。"戏剧进校园"为学校传承中华优秀传统文化,振兴中国戏曲艺术,丰富校园文化生活,提高学生审美素养奠定了基础,对促进学生全面发展产生了深远的意义。

2020年,在教育行政部门的指导和支持下,学校致力于推动特色高中的创建。根植于学校八十余年优质教育的沃土,传承先贤高平子致力于发展中国天文事业的伟大精神品质,依托学校深厚的天文教育历史底蕴和广泛的科普教育办学基础,学校积极开展天文科技特色教育创建,梳理以天象观测、航模和无线电兴趣小组等为主的天文素养科普教育历程,架构起引领学校特色发展的组织管理体系,打造"学究天人"特色课程图谱,多渠道建设一支特色师资力量,完善以天文科技创新实验室为主体的场馆资源建设,营造浸润式的特色教育氛围,让学生在高中阶段得到天文素养的培育和人文精神的熏陶。以项目学习为导向,以各类航天科技竞赛为平台,让学生在不断完成项目的过程中,培养个性,激发潜能,发挥特长,为学生终身发展打下良好的根基,为经济社会发展培养大批潜在的高素质研究者和高水平人才,并逐步实现学校从航天科技特色教育向航天科技特色学校的腾飞。

目前,学校保持着良好的发展态势,但在某些方面还存在薄弱环节,主要表现为对新课程、新教材改革带来变化的适应,如根据新的高考改革方案,研发新高考背景下科学、稳定的选课系统;立足学校生源改变的实际,探索针对性、创新性的教育教学策略;实现特色项目、特色课程、特色教师、特长学生品牌升级,培养出学校新一轮发展的中坚力量;面对新一轮高考改革,深化课堂教学改革的力度,进一步提高课程领导力和加强校本课程建设;针对学生差异,培养学生自主学习的习惯与能力,以及学生的学习创新能力;建立学生发展与生涯规划指导制度,完善根据本校学生特点制定的"学生发展与生涯规划校本指导机制";结合新的学生综合评价体系,逐步完善学生综合素质校本评价制度;设计《张堰中学年度社会实践记录手册》,尝试完善学生志愿者服务和社会实践活动等机制,提升学校德育工作有效性。随着时代的发展,教育需求趋向多元化。利用好现有资源,争取外部支持,改善办学条件和提高教育教学质量,也是学校发展必须面对的问题和挑战。

第三节　学校的发展规划

新时期,党的十九大立足于中国特色社会主义的建设与发展,做出了优先发展教育、加快教育现代化、建设教育强国的重大部署。中国共产党第二十次全国代表大会也首次将教育、科技和人才三大战略融为一体,从"实施科教兴国战略,强化现代化建设人才支撑"的高度,专门对如何"办好人民满意的教育"进行部署,明确了其基础性、先导性、全局性地位,彰显了教育发展应以人民为中心的价值追求,指明了推进教育改革发展的方向。学校坚持以习近平新时代中国特色社会主义思想为精神引领,忠诚党的教育事业,贯彻党的教育方针,全面实施党组织领导的校长负责制。以"党建引领"为中心,学校党总支对学校工作进行全面领导,严格落实把方向、管大局、做决策、抓班子、带队伍、保落实等各项教育任务。学校坚决执行《教育法》《教师法》《未成年人保护法》等法律法规要求,制定、公开并实施《张堰中学章程》,修订《张堰中学制度汇编》,完善学校各项管理制度,提高内部治理水平和外部资源调适能力。

"十三五"期间,学校紧紧围绕"人文立校、自主自强、多元发展"的办学理念,探索思考城乡一体化背景下的新农村高中的办学思路,培育学校精神,积淀文化底蕴。在已有办学优势和特色的基础上,学校在校园管理、教育质量、课程建设、办学成效、发展能力和竞争实力等方面,都获得了明显提升和增强,培养了一批名师专家,造就了大批优秀毕业生,总体办学水平居于市、区同类学校前列。

在最新的教育改革发展形势下,学校立足校情,结合新时代教育发展提出的新要求和日趋丰富的办学经验,认真制定学校的"十四五"教育发展规划,并以"十四五"规划引领学校高质量发展。

"十四五"期间,学校认真落实国家、上海市、金山区中长期教育改革发展规划政策,追求"面向现代化、面向世界、面向未来"的教育;坚持"自主自强、全面发展"的办学理念,落实学校"严管、勤教、善学"的总要求,把培养核心素养作为核心,把重点放在学校课程建设上,以校本评价体系创新为着力点,以提高教师队伍的信息化素养为保障,不断提高教育教学质量,"为了每一个学生的终身发展",努力办好让金山和张堰人民满意的教育,努力将学生培养成信念坚定、品能兼优、明礼守正、健康勤劳,可以适应新时代发展要求的社会主义建设者和接班人。

在八十余年的办学历程中,学校根据国家教育方针、时代发展需要和人的成长规律,不断探索"办学有特色、教学有特点、学生有特长"的内涵发展。在围棋、光纤创新实践、戏剧戏曲、传统体育、机器人、无线电技术、天文科技等特色课程与项目的培育、发展方面,开展了有益的探索和实践。

张堰镇的围棋文化和围棋运动在上海市享有盛誉。20 世纪 90 年代初,学校开设围棋兴趣拓展课程,受到学生的广泛欢迎。1997 年,张堰中学学生围棋队参加上海市第六届中学生运动会,荣获郊区组高中男子团体第一名。2009 年起,学校在高一年级正式开设围棋课程,编写围棋教材,发展以棋育人特色,在市、区级的围棋竞赛中屡获佳绩。

2009 年,结合区域文化优势,学校成功创建市级"智慧之光"物理创新基地,开启了学生实践创新学习的天地。近年来,学校先后创办机器人实验室、开设无人机课程、建立无线电通信电台。

2015 年,学校入选市级传统体育项目学校。学校篮球队在各类比赛中屡创佳绩,不仅培养了学生团结协作、勇敢顽强、积极拼搏的体育精神,也为他们终身进行体育运动奠定了坚实的基础。

2016 年,学校成为上海市首批戏剧特色学校之一,并与上海戏剧学院签约共建,后又与上海越剧院签约,成为越剧教学传承实践基地,为张中学子打造一个感受越剧、体验越剧、享受越剧、传承越剧的平台,发挥传统戏剧在培养学生正品立德、完善人格、陶冶情操等方面的积极作用,让学生在优秀戏曲的熏陶中感悟认同社会主流价值。

2016 年,学校申请上海市人文教育特色普通高中建设项目学校,陆续打造了张堰书院校史馆、白蕉艺术创新实践基地、创始人任道远铜像,依托学校积淀的历史文化底蕴,在教学中着重凸显地域文化特征,培养学生的人文素质,强化文化育人功能,实现人文教育与科学教育的有机融合。

目前,学校正致力于推动特色高中的创建。依托深厚的天文教育历史底蕴和广泛的科普教育办学基础,在教育行政部门的指导和支持下,学校确立了开展天文科技特色教育创建,以深化课程教学改革为着力点,立足于构建特色鲜明的学校课程体系以及对应的运行与管理体系,推动学校特色教育发展。

新时期下,教育改革与发展对教师的综合素质提出了新要求,教师是学校发展的"人力资本"。学校以教师的专业化发展为目的,围绕"学科核心素养培育"和新教材、新课程改革,创新校本师训模式,制定并实施"四维四阶"教师队伍建设行动计划,从师德、育人、教学、科研四个维度对教师进行培训,把教研、科研和培训结合起来,达到"教、研、训"一体化;完善"四阶"队伍建设体系,形成职初教师、青年教师、骨干教师、高端教师的"四阶"教师培养模式,努力打造一支"敬业爱生、勤研善教"的专业化教师队伍。

"十四五"时期,国家提出把建设高质量教育体系作为主要目标任务之一,这也表明了我国教育改革发展的方向。学校结合金山区"理念领先、体系完整、特色鲜明、办学先进"的教育目标,在已经具有的完备课程体系的基础上,传承学校"全面发展与特色发展相结合、强化基础与发展个性相结合、知识传授与创新能力培养相结合"的课程理念,为每个学生的成长、成人、成功奠定基础,形成了"高质量、多样化、有特色、可选择"的课程格局。

表 1-1　学校发展 SWOT 分析

要素	S(优势)	W(劣势)	O(机会)	T(威胁)
学校基础	学校在天文、机器人、科技创新等方面有一定基础,并取得了全国、上海市、金山区各层面较好成绩与社会认可。	天文科技特色与国家课程融合度不够。	依托高校、研究院所等资源,促进学校内涵发展。	校舍等相对制约学校在发展上的需求。天文科技特色发展遇到生源、地域、师资等条件限制,缺少领衔人才。

（续表）

要素	S（优势）	W（劣势）	O（机会）	T（威胁）
课程基础	部分必修课程以"双新"为基础建立校本课程资源；选修课程种类丰富，满足学生个性化需求；天文科技特色课程群初步建构。	对接国家三类课程的学校课程系统有待重新梳理和规划，跨学科课程、劳动教育课程、综合实践课程尚在起步探索阶段。	区域内涵项目引入，推进学校课程体系与机制进一步完善；加大特色课程建设与融合，拓宽办学特色领域。	强化育人导向，探索基于学科质量标准的综合评价制度尚不完善，学分制评价仍处于摸索阶段。
师资队伍	学校高、中、初级教师结构比较合理，有特级、正高级、高级教师引领。教师敬业且有钻研精神，有较强的进取精神，尊重学生个性发展。	青年教师数量相对较多，区级及以上的骨干教师比例偏少，缺少学科领军人物，跨学科、创新型教师资源缺乏。	组建由特级教师引领的"名师工作室"，实施"四维四阶"的教师队伍建设，为区校骨干教师搭建更好的专业发展平台。	教师受到角色站位等因素影响，教学循规蹈矩，创新意识不足。
行政管理	老中青比例较优，坚持树立人性化的教育管理思想，实现自主多元发展。	创新意识不足，个别部门职责需要进一步明确。	以"双新"教改、特色学校建设为契机，学习落实新理念，梳理学生个性化发展的教育理念。	缺少培训学习的平台。
学生状况	性格阳光，朴实勤奋、活动能力强。	学习动力有待加强，自我管理有待提高，学习基础差异较大。	差异性带来的选择性、个性化成长；天文科技特色带来创新平台，拓宽学生视野。	信息化时代的冲击，高中阶段学习压力较重。
家长状况	家长较重视学生在校发展，尊师重教，对于文化成绩、升学等期待较高。	家长文化层次、家庭教育水平差距较大。	国家对教育的重视且日趋规范；教育改革相关理念的社会宣传效应。	家长对学校教育的单一化理解，认为成绩是唯一的评价要素。
社区环境	区、镇两级政府重视学校的发展、学生的教育。	上海市远郊，周边高质量资源较少。	信息化建设缩短了地理上的距离，信息传递更快捷。	同等学校的发展既是竞争，也是动力。

　　学校贯彻"立德树人"课程育人观,依据学校办学实际需求,推进国家课程和学校特色课程有效落实;围绕学科核心素养,优化学校课程设置,国家必修课程全开全学全考,选择性必修课程选修选考;选修课程融合学校特色创建围绕"天文科技"综合开发实施,架构"品能兼备、学究天人"的课程体系;优化学校课程管理,形成"五环四案"为核心的单元教学模式。构建重基础、多样化、多层次、可选择,能满足学生成长需要和个性发展需要的课程体系和评价体系。在整体体现基础性、完整性和选择性的基础上,充分挖掘课程育人功能,将"五育"并举、融合育人观渗透学校课程实施过程中。

　　学校课程结构需要有效融合必修课、选择性必修课、选修课三类课程,实现高中三个年段课程目标的整体布局、分步实施,体现必修、选择性必修、选修等修习模式的灵活运用,完成一体化实施,这是学校课程总体架构设计所必须体现的内在精神,能更直观地展现出学校"自主自强,全面发展"的办学理念。同时,学校注重学习的表现性评价,实施综合素质评价方案。借助信息化平台建立高中三年制"一生一档案",突出结果评价、重视过程评价、完善综合评价,真实有效地记录学生的表现,多维度评定学生的学习状况。

　　"十四五"期间,学校加强教科研组织管理,健全组织机构,形成"科研领导小组—教研组—教师"的网络化、项目化管理体系,落实相应的管理责任和工作职责。利用信息和网络技术,从理论研讨、课题管理、信息情报等几方面加强教科研工作的制度建设,建立以课题项目为单位的教科研档案库,加强教科研的课题规范化管理,并以学校"教师专业化发展指导团"为引领,以承担学校教育科研项目和区级课题的教师为主要成员,逐步形成了一支具有较高教科研能力的骨干教师队伍,并以此为基础推进教师整体的专业化发展。

　　学校坚持把"立德树人"作为教育的根本任务,以社会主义核心价值观教育为主线,根据普通高中学生身心发展水平和规律,依据《上海市中学生日常行为规范实施手册》和"五项管理"的要求,立足"自主自强,全面发展"的办学理念和"信念坚定,品能兼优,明礼守正,健康勤劳"的育人目标,确定学校行为规范教育总目标为"习惯良好,明礼守正,勤学善思,自主自强",并进一步制定了分年级、分层次的行为规范教育目标和教育实施路径,把学生行为规范教育内容具体化、阶段化、序列化,既彰显个性,又具备可操作性,有利于学生知、情、意、行的循序渐进提升,推动育人目标落地。学校遵循"学生人人有导师,教师人人是导师"的育人理念,在全校范围内全面实施"全员导师制",实现全员育人、全程育人、全方位育人,促进学生全面而个性地健康成长。

近年来,学校科学规划校园布局,加强校园美化绿化工作,营造天文特色校园,使校园环境处处洋溢着浓浓的人文气息和天文氛围,整体富有艺术性、观赏性和教育性,营造浓厚的学校文化氛围,潜移默化地对师生的观念和行为产生影响,进而全面提升学校办学品位。

第二章　学生的心灵成长
——理想信念的点滴浇筑

第一节　学校德育的理性思考

德育最根本的是解决人的信仰信念世界观、情感意志价值观、方向道路人生观问题,特别是解决学生的人生信仰、价值信念和意志品质问题。学校德育工作的重要性不言而喻,它关系到学生的健康成长和全面发展,也关系到国家和社会的未来和命运。学校德育工作是为了培养学生的理想信念、道德品质和公民素养而进行的一系列教育活动和管理措施,涉及学生的家国情怀、品德、价值观、人格、公民素养等方面的培养。它包括德育课程、德育活动、德育实践、德育评价等方面内容,是为了培养学生成为有道德、有责任、有创造力、有爱心的社会主体,为国家和社会做出贡献。

1. 关于"人的全面发展"的思考

马克思认为,人是一个具有多方面本质属性的存在物。他从不同层面对人的本质进行了定义。首先,在人作为人类存在物的层面上,他认为人的本质是自由自觉地进行实践活动,而劳动是实践活动中最集中、最普遍、最基本的形式。其次,在人作为社会存在物的层面上,他认为人的本质是社会关系的总和,即人与人之间在生产、交换、分配、消费等方面形成的各种经济、政治、法律、道德、宗教等关系。最后,在人作为一个完整个体的层面上,他认为人是自然因素、社会因素和精神因素相互作用、相互影响、相互制约而形成的统一体,其本质是个体独立。

基于对人本质属性的理解,马克思提出了"人的全面发展"这一概念。他认为,人只有在实现自己本质属性的全面发展时,才能成为真正意义上的人。具体来说,人的全面发展主要表现在以下几个方面:

人的活动特别是劳动活动的全面发展。马克思认为,在共产主义社会里,由于社会生产力高度发达和社会生产关系高度合理化,人们将摆脱一切异化劳动和单调劳动,能够根据自己的才能、特长、爱好自由选择活动领域,并且在不同领域得到充分发挥。

人的需要和能力的全面发展。马克思认为,需要是人的本性,是活动的动机和目的;能力是实现需要的手段,是建立主客体客观关系的必要条件之一。人的需要和能力的全面发展,是指随着活动的全面开展,人的需要逐步形成一个包括生存、享受和发展在内的日益丰富的系统,人的能力也得到充分发挥和提高。例如,在共产主义社会里,人们不仅能够满足自己的物质生活需要,还能够追求自己的精神生活需要,如科学、艺术、文化等;人们不仅能够掌握自己所从事的活动领域的技能和知识,还能够学习其他领域的技能和知识,如语言、音乐、体育等。

人与自然、社会和自身的全面和谐发展。马克思认为,人与自然、社会和自身之间存在着一种复杂而微妙的关系,这种关系既是相互依存、相互促进,又是相互制约、相互影响的。人的全面和谐发展,是指人能够在尊重自然规律、社会规律和自身规律的基础上,实现与自然、社会和自身之间的平衡和协调。例如,在共产主义社会里,人们将不再对自然进行盲目的掠夺和破坏,而是与自然建立一种友好和可持续的关系;人们将不再受到阶级、国家、民族等划分所造成的压迫和剥削,而是与其他人建立一种平等和互助的关系;人们将不再遭受异化劳动和单调生活所带来的痛苦和空虚,而是与自己建立一种真实和完整的关系。

马克思的"人的全面发展"概念表现出了许多规定性。它既是对人本质属性的深刻揭示,又是对共产主义社会理想状况的美好设想。它既是对现实社会问题的批判性分析,又是对未来社会变革的积极性指导。它既是对人类历史发展规律的科学总结,又是对人类未来发展方向的价值判断。

根据以上理论，学校开展了多样的学生活动，让学生在这些活动中获得身体和精神上的锻炼。如，高一年级部分学生参加了在金山体育中心举行的上海市青少年校园足球精英赛志愿活动；高二年级则与五位独居老人结对，开展了"驻爱行动·一家亲"探访活动，并与"阳光之家"一起举办了冬季趣味运动会；高三年级组织了感恩父母和感恩学校的活动。学校 24 个班级团支部还利用双休日时间，积极组织"爱在阳光下，服务伴青春"为主题的上海市张堰中学世界志愿者日活动。

此外，人类社会关系的多方面发展，特别是人类对社会关系的占有和共同支配。社会关系是劳动实践活动发展的决定因素，它决定了一个人的发展程度。早期人类的一个不发达特征是个体缺乏丰富的社会关系，其中原因主要受到血缘和地域关系的局限，加上活动本身缺乏社会关系的发展，内容简单贫乏。社会关系的全面发展不仅指个人成为社会群体中的一员，还要求个体能够与群体中的他人发生相互关系。人们需要摆脱过去个人、分工、地域、民族的狭隘局限，形成各个领域、各个层次的方方面面的社会联系，例如经济、政治、法律、伦理、宗教、文化等方面的联系。值得注意的是，从贫穷走向富裕、从封闭走向开放、从片面走向全面，得到和谐发展和丰富全面的人类社会关系，必须包括人类社会交往的普遍性。互动和相互交流是人与人之间社会关系的中介，是人类独特的存在方式和活动方式。它是人类一切活动的前提，也是社会关系形成的前提。

人类社会交往的普遍性是指随着生产力、分工和交流的发展，个人以独立主体身份，不断地积极参与到各个领域、各个层次的社会交往中，广泛建立和实现个体间的交往以及个体、群体、社会三者的交往。在人类社会交往的普遍性基础上，人们的物质交流和精神交流可以得到充分发展，能够摆脱彼此之间互相分离的状态，不再独立地属于不同的人，而是有机地统一在每个人身上，形成良性互动。通过不断地发展，交往已经从自发的自然共同体传播和社会共同体传播转变为世界共同体传播。个人逐渐成为世界历史上的个体，成为世界公民，与整个世界的生产和发展联系在一起，将人类生产的一切积极的结果全面利用，以此来丰富和发展自己。社会关系的发展，不仅表现在其内容的丰富，更表现在个体之间的关系成为自己的共同关系，联合起来的个体实现对社会关系的整体占有和共同支配。

学校鼓励班主任或任课老师指导学生建立学习小组,引导班主任或任课老师指导学生建立学习小组,引导学生合作学习。在寒暑假,根据学生的学习情况,以任课教师建议、学生自愿调整为基本模式,构建学习小组。每个小组3—6人,每位老师按学科指导3—4个学习小组,形成学习共同体。提倡小组学生相互交流,对疑难问题先在组内讨论,再提交老师解决。由于任课教师作为指导老师,小组和老师交流无缝对接,课间、中午、放学后总能看到几位同学在一起交流,或与老师讨论。一些青年教师还利用网络和学生交流,受到学生的欢迎。

重视学生干部队伍的培养。学生干部是学校教育和管理的桥梁和纽带,在学校的教育和管理中发挥着重要的作用。他们的意识和能力会直接关系到学校的工作和各种学生活动的开展。因此,教育、培养、提高学生干部的意识和能力需要放在首要位置,继续开展"今天我怎样做班干部"的培训,如"如何出好黑板报"的培训、"如何管理好班级"的培训、"如何指导班级学生做好班级卫生"的培训等。学生在这些不同的学习模式中,与不同的人产生了不同的交往联系,增加了社会交往能力。

人的全面发展还包括人的素质的全面提高和人格的自由发展。人的素质和个性是随着多样的人类活动和丰富的社会关系形成和发展的,主要表现为人的生理素质、心理素质、思想道德素质和科学文化素质的发展和提高,以及各项素质的均衡协调发展。人的个性发展表现为个体主体性水平的全面提高,个体独特性的丰富。即充分发挥人的自觉能动性、创造性和自主性,消除人格的模式化、同步化、标准化,打破人格的单调、刻板,彰显出个体的独特性、不可重复性和不可替代性,从而使社会充满生机和活力。

此外,我们必须进一步指出,马克思"人的全面发展"中所提到的人绝不是抽象的、孤立的个体,而是存在于现实和社会中的个体,不是"某一个人",而是"每个人"。人的全面发展是与片面发展相对的,其不仅仅是"全面",还包括"自由、充分、和谐的发展",自由是指人作为主体必须得到自觉、自愿、自主的发展;充分是指人的全面自由发展的程度;和谐是指人的发展各方面的协调和联系。事实上,在"每个人的发展"中,全面发展、自由发展、充分发展、和谐发展是相互联系、不可分割的。学校社团是相较于班级来说更加个性化、自由化的场所,社团的建设促进学生自主成长。为推动学生社团向规范化、多元化和可持续性方向发展，也为让学生在社团建设中摸索自我成长方向，我校自 2008 年起进行了社团资源的整合。几年来，学校创办的社团数量越来越多，活动的质量也不断提高。其间，社团登记、会员招募、活动组织全部交由学生负责。学校只进行结果评价方面的引导。在学校的良性引导下，一批批学生的自主管理水平在社团建设中，在不断探索、不断积累中显著提高。在学生的自主努力下，在学校"发挥特长、锻炼能力、陶冶情操、提高素质"的有关社团发展原则的指导下，学校社团呈现了梯次发展的良好态势。一批明星社团蜚声区内外，如"邓小平理论读书会"获上海市"明星社团"称号；舞蹈队、心理社、志愿者协会、爱心社被评为区级"明星社团""先进社团"；舞蹈队获市级比赛一等奖，书法社获国家级奖励，环保社在国家级比赛中也获得好名次。

2. 关于"全面"和"融合"的发展思路

全面发展的"全面"并不仅仅是一个量的概念，它是各个方面的协调融合发展。华罗庚对于数学一直都饱含热情，后来又选择了终身从事数学科学的研究，除了具有突出的数学才华外，华罗庚还有良好的人文知识。而我们如果仅仅考虑量的概念，那么不要说全面发展了，仅在体育方面，由于天生的生理缺陷，只要是特别需要下肢力量的体育活动，华罗庚都基本不能参加；即使在数学领域，面对 100 多个分支，他也会有不熟悉的方面，但我们不能因此得出华罗庚不是全面发展的结论。

马克思关于人的全面发展是指"能力"的发展，而马克思关于能力的全面发展又指向"体力和脑力"这两方面的能力。《心理学大词典》将能力视为"人们成功地完成某种活动必需的个性心理特性"，那么，能力就不仅仅是智力的范畴了。与人为善，站在他人角度思考问题当然是能力的体现，但我们不能说这全是智力的彰显，在这些方面也需要通过学习获得能力。因此，能力的发展（人格发展的重要内容）应该是理性智慧、实践智慧和道德智慧的协调发展。

在我们的教育实践中，全面发展方针的实施过程中所表现出的问题，并不是说我们在各方面的重视不够，而是对一些基本方面不够重视。人的基本方面，从广义上讲，是指生理方面和心理方面。从心理学来说，最基本的应该是认知心理的发展和非认知心理的发展。在认知领域中也可以说有一些基本方面(可称为第二层次上的基本方面),还有逻辑能力和直觉能力组成的基本方面。如果我们把全面发展的本质理解为个性发展,就会便于我们对德育有更准确的认识。正是对个性发展的认识,才能帮助我们看清这些基本方面的联系和交集,以及它们的具体内容和表现形式,从而更好地从三维的角度看待整体发展。

3. 关于"人的个性发展"的思考

实现人的自由、全面发展是马克思毕生奋斗的目标。在现实生活中,个性是个人本质最重要的依据。马克思的自由人格理论是一种对人类自由和个性发展的哲学思考。他认为,人的本质是自由的个性,而个性的发展是人类社会进步的基础。这一思想深刻地揭示了个性发展在人类社会发展中的重要性和地位。

根据马克思的自由人格理论,人的自由和个性发展是人类生存和发展的基础。在马克思看来,人的自由是指个体有权利、有能力在自己的生活和行为中做出选择,不受任何外在的强制或束缚。而个性则是指人类在不同社会条件下表现出来的独特的思想、情感、意志和行为。在人类社会的历史进程中,个性的发展是与社会变革、文化传承、生产力提高和科学技术进步等因素相互作用的结果。这些因素对人的个性发展起到了至关重要的作用。

个性发展的重要性在于,它为人类社会的进步和发展提供了动力和推动力。个性是社会文化的载体,是社会创新和进步的源泉。只有每个人都能充分发挥自己的个性特点和潜能,才能在不同的领域、不同的层次上为社会进步和发展做出贡献。同时,个性的发展也是人类自身幸福和满足的基础,只有在自由和个性发展的基础上,人才能够得到真正的自我实现和精神上的满足。

马克思的自由人格理论强调了个性发展在人类社会发展中的重要性和地位。因此,只有保障每个人的自由,让每个人都有机会充分发挥自己的个性特点和潜能,才能实现人类社会的真正进步和发展。学校的学生都是千差万别的独特个体,如何让每一个孩子得到有个性的全面发展,学校采取了很多举措,其中"全员导师制"是一个很好的方法。目前,学校已全面实施"全员导师制",组织开展对学生实施个别化教育,对学生进行有针对性的指导和帮助。导师一般由班主任和任课老师担任。学校要求导师跟踪、了解被指导学生的学习、思想等方面的情况,定期与所指导的学生开展座谈活动,积极与所指导学生的家长进行沟通。以外,对于老师的教学策略,学校也不断地进行研究,探索适合学校实际的教学策略,如"两个关注""三个把握""五个一点"等已经初成体系。学校通过对教师的教学策略的研究,引导教师改革或创新课堂教学,让教师在学科教学过程中展示学法、渗透学法,从而让学生获得有效的学科学习方法,提升自主学习能力。各学科以教研组和备课组为单位,开展学法指导交流。除了任课教师在课堂上的学法指导外,学校还安排"新高一学生入学第一课",即安排每个学科的备课组长进行一场有关学科学习方法指导的讲座。此外,在期中考试或月考后,进行一场学生学习方法交流会。交流会的形式不一,有邀请刚毕业的学长进教室进行学习方法的介绍,有班级内部进行学习方法的交流,有高年级的学生向低年级的学生传授好的学习方法,旨在通过学习方法的交流会,让学生接触到各种好的学习方法,从而让每个学生都能探索到适合自己的学习方法,增强学习的有效性。

同时,学校十分重视学生学业发展的自我评估能力,让学生自己记录每一次学业发展关键点的成绩,做出曲线图,审视自己的学习状况,了解自身的优势与不足;根据学习的要求和进度,学生自己制订学习计划,根据学生填写的内容,相关学科的教师将给予具体的书面指导和进行个别交流,帮助学生调整心理状态,把握学习节奏,提高学习的有效性;并请家长参与督促与鼓励,以提高学生的学习主动性,变"要我学"为"我要学"。

4. 关于"个性"与"共性"的内在关联

全面发展实质上是个性发展。哲学意义上的个性是相对于共性而言的,共性是万物的共同特征,个性是一物区别于他物的特征。人的个性发展是指人在自然和社会环境中,根据自己的天赋、兴趣、经历、价值观等因素,形成自己独特的思想、情感、意志、品格等方面的特征和风格。人的共性发展是指人在自然和社会环境中,根据人类共同的本质属性和规律,形成自己普遍的认识、情感、意志、品格等方面的特征和风格。

个性是独特的,但每个人都有独特的个性这一事实使人具有普遍性。人的个性发展和人的共性发展是两个不同层面的问题。人的个性发展是从个体角度出发,强调人与人之间的差异和多样性;人的共性发展是从人类角度出发,强调人与人之间的相似和一致性。人的个性发展是相对而言的,因为每个人都有自己独一无二的个性;人的共性发展是绝对而言的,因为每个人都有共同的本质。

人的个性发展和人的共性发展是两个相互依存、相互促进、相互制约、相互影响的问题。一方面,没有共性发展就没有个性发展,因为只有在具备了一定程度的普遍认识、情感、意志、品格等方面后,才能在此基础上形成自己独特的思想、情感、意志、品格等方面;另一方面,没有个性发展就没有共性发展,因为只有在充分体现了自己独特的天赋、兴趣、经历、价值观等因素后,才能在此基础上丰富和提升自己普遍的认识、情感、意志、品格等方面。例如,一个人如果没有掌握基本的语言、数学、科学等知识,就很难表达自己的想法和感受,也很难理解他人的想法和感受;一个人如果没有发现和培养自己的特长和爱好,就很难体验到创造和享受的乐趣,也很难为社会做出贡献。但是人的个性发展和人的共性发展也是有一定的辩证关系的。这就是说,在一定条件下,它们之间可能存在着一些矛盾和冲突。例如,一个人在追求自己个性化的需求时,可能会与社会规范或他人利益发生冲突;一个人在遵循社会规范或保障他人利益时,可能会牺牲自己个性化的需求。因此,在实现人的个性发展和人的共性发展时,需要找到一种合理的平衡点,既要尊重和保护每个人的个性权利和自由选择,又要考虑和维护社会整体的利益和秩序。因此,个性的发展既包括"个体独特心理特征"的发展,也包括"整体精神面貌"的发展。事实上,如果"全面"是指各个方面,那么各个方面的高水平发展是不可能的,各个方面的平均发展意义也不大。这进一步说明,个性发展更准确、更深刻地反映了全面发展的积极意义。正是在这个意义上,我们说全面发展是实质性的个性发展。

5. 把握德育工作新的内涵

对高中学生德育工作的理论指导主要有以下几个方面:一是党的新时代中国特色社会主义思想,它是新时代学校德育工作的根本指导思想,为学校德育工作指明了方向。二是马克思主义道德理论,它是高中学生德育工作的重要指导思想,揭示了道德的本质、功能、形成和发展的规律,为高中学生德育工作提供了科学的世界观和方法论。三是社会主义核心价值观,它是高中学生德育工作的基本准则,体现了社会主义道德的基本内容和要求,为高中学生德育工作提供了价值导向和目标。四是心理学、教育学、社会学等相关学科的理论，这些是高中学生德育工作的重要参考，它们分析了高中学生的心理特点、教育规律、社会环境等因素，为高中学生德育工作提供了实践依据和方法。

高中学生的德育素质是多方面的，每一种素质都有其重要性和作用。对于比较有限的三年时间的培育来说，我们认为应该侧重培养的德育素质是以下四种：一是爱国主义。这是对国家和民族的热爱和忠诚，是对国家和社会的责任感和使命感。爱国主义是德育素质的基础和核心，也是德育工作的出发点和归宿。二是诚信责任。这是对自己和他人的诚实和信任，是对事实和道理的尊重和遵守。诚信是德育素质的原则和规范，也是德育工作的目标和要求。三是创新实践。这是对知识和技能的探索和创造，是对问题和困难的解决和突破。创新是德育素质的动力和能力，也是德育工作的方法和手段。四是爱心感恩。这是对自己和他人的关心和帮助，是对生命和环境的尊重和保护。爱心是德育素质的情感和品格，也是德育工作的内容和形式。

高中学生德育工作的主要目标是培养高中学生的理想信念、道德品质和社会责任感，促进高中学生的全面和谐发展，为高中学生的终身发展和社会进步奠定坚实的基础。按照《中小学德育工作指南》，高中学生德育工作的内容包括以下几个方面："①理想信念教育。加强对习近平新时代中国特色社会主义思想、马列主义和毛泽东思想、中国特色社会主义的理论体系的进一步学习，使同学们对党的新理念、新思想、新战略有更深刻的理解。加强对中国历史的教育，尤其是对近现代史的教育，对革命文化、对中国特色社会主义的宣传，对中国梦的主题教育，对时事政策的教育，使同学们对中国革命史、中国共产党史、改革开放史、社会主义史等有更深层次的认识，继承革命传统，传承红色基因，让同学们有更深的政治认同、情感认同、价值认同，并在此基础上，建立起坚定的信仰，为共产主义远大理想，为中国特色社会主义的共同理想而努力奋斗。②社会主义核心价值观教育。将社会主义核心价值观融合到国民教育的整个过程中，并贯彻到中小学的教育教学和管理服务中的各个方面，让学生紧紧把握国家层面下以'富强、民主、文明、和谐'作为价值目标，深刻理解社会层面下以'自由、平等、公正、法治'作为价值取向，自觉遵守公民层面下以'爱国、敬业、诚信、友善'作为价值标准，使社会主义核心价值观内化于心、外化于行动。③中华优秀传统文化教育。通过家国情怀、社会关怀、人格修养等教育方式,弘扬中华优秀传统文化,学习中华传统美德,传承中华人文精神,引导学生深刻了解中华传统文化的起源、内涵、发展,从而提高自己的文化自觉性与自信心。④生态文明建设。强化节约教育和环境保护教育,进行有关大气、土地、水、粮食等资源的基本国情教育,让学生对祖国的大好河山和地理地貌有更深的认识,开展节粮、节水、节电的教育,推进垃圾分类,提倡绿色消费,让同学们树立尊重自然、顺应自然、保护自然的观念,培养勤俭节约、低碳环保、自觉劳动的生活习惯,养成一种健康、文明的生活方式。⑤心理健康教育。对学生进行认识自我、尊重生命、学会学习、人际交往、情绪调节、升学择业、人生规划、适应社会生活等方面的教育,指导学生提高自我调节、自主自助、应对挫折、适应环境的能力,培养学生健全的人格,积极的态度,良好的个性心理素质。"

高中学生德育工作的方法应该遵循以下几个原则:一是以人为本,尊重高中学生的个性差异和主体地位,关注高中学生的实际需求和发展潜能;二是以情感为纽带,营造温馨和谐的师生关系和校园氛围,激发高中学生的道德情感和内在动力;三是以实践为载体,开展丰富多彩的道德教育活动和社会实践活动,提供高中学生展示自我和锻炼自我的平台和机会;四是以评价为反馈,建立科学合理的道德教育评价体系和机制,及时反馈高中学生道德教育的效果和问题,促进高中学生道德教育的改进和提升。

第二节　学校德育的时代要求

《中小学德育工作指南》明确了新时期高中德育工作应该培养学生热爱祖国、拥护社会主义、弘扬民族精神、增强公民意识等道德品质,并初步形成正确的世界观、人生观和价值观。为了实现这一目标,我们应该站在世界发展趋势和国家发展大局的高度,贯彻习近平总书记关于教育的重要论述,紧扣"培养什么人、怎样培养人、为谁培养人"的基本问题,继续深化德育工作综合改革,创新德育工作的理念、内容、方法和手段,适应新时代的发展需求和学生的成长特点,突出德育工作的针对性、有效性和实效性。

在工作中,我们一是加强德育工作的顶层设计和制度建设,坚持党建引领,强化顶层设计。这是深化德育工作的关键之举,纳入"十四五"事业发展规划、综合改革方案、党总支班子会议议题中。校党总支书记指导制定德育工作的改革方案和制度设计,定期召开工作领导小组会议、工作推进会议,组织研讨德育工作的顶层设计、制度构建、机制优化、建设路径,完善德育工作的评价和激励机制,推进德育工作的信息化和智能化,提高德育工作的质量和水平,构建德育工作大格局。

二是深化全员育人,提升育德能力。学校所有工作都要以学生的培养为中心,必须为学生的成人成才服务。学校从上到下的任务实施安排,争取全员参与。在构建德育工作大格局的过程中,要推动广大教师积极参与育人工作,不断加强教师思想政治教育,引导教师回归本分、回归初心。在贴近学生的过程中,不断激发教师的育人热情,在给予知识和情感上的帮助时,教师自己也获得一种崇高职业的价值认同感,自觉强化师德师风建设,努力提高自身的职业道德水平。

三是一体化构建育人体系,提高育人实效。纵向上要推动课程育人、实践育人、文化育人、心理育人、网络育人等。发挥课堂教学主阵地、主渠道作用,将校园活动、学生实践活动与学科有效结合、有效整合,春风化雨,润物无声,在更多的学科教学中渗透德育教育,让育人贯穿于教学全过程,形成全领域、全时段下的育人机制。横向上以行规教育为抓手,推动"我的行规打卡地图"活动的开展,建立思想政治工作支撑体系。

四是构建全方位育人体系,建立联动机制,完善全员育人、全程育人、全方位育人体制机制,建立健全德育工作的组织保障和协调机制,形成学校、家庭、社会共同参与、共同负责、共同推进的德育工作格局,实现德育工作的全覆盖、无缝对接、有机融合,形成强大的育人合力。构建一体化育人工作机制,加强校内外德育资源的整合和利用,发挥各方面的优势和作用,联动政府、学校、社区、家庭,构建"四方"联动机制,贯通校内校外育人渠道,真正打通育人"最后一公里"。发挥场域育人作用,推动社区共建单位、家长代表等进入课堂阵地,常态化开展主题教育,共同培养学生的道德品质。

同时,学校建立常态化运作机制,以落实"立德树人"的根本任务。坚持以培养社会主义建设者和接班人为根本目标,以培养学生的核心素养为基本要求,以培养学生的道德情操为重点内容,以培养学生的道德行为为关键环节,以培养学生的道德品格为最终目的,日常加强思想政治教育和爱国主义教育,引导学生树立正确的世界观、人生观和价值观;加强品德教育和法制教育,引导学生遵纪守法、尊重他人、服务社会;加强文化教育和艺术教育,引导学生传承中华优秀传统文化、增强民族自豪感;加强以天文为特色的科技教育和创新教育,引导学生掌握科学方法、培养创新精神,真正做到让每个学生受益。

第三节　学校德育的丰富实践

一、构建完整的德育工作管理体系

1. 健全行规管理网络,确保行规制度落实

为了确保各项制度能够得到执行,学校构建了一个健全的德育工作管理网络,组建了学校、家长代表、社区代表共同参与、协作管理的"三位一体"的行规领导小组。定期召开会议,对学校行为规范工作中遇到的新情况进行研究,对存在的问题进行分析,并提出相应的解决措施,从而使学校行为规范工作得到更全面、深入的发展。形成了由班主任为首席导师,任课教师、后勤物业人员、社区负责人参与的行规育人"全员导师"工作队伍,落实了学校、社区、家庭的全方位行规育人管理,通过培养学生养成良好的行为习惯,让学生受益匪浅,在学习、生活等方面有所进步。

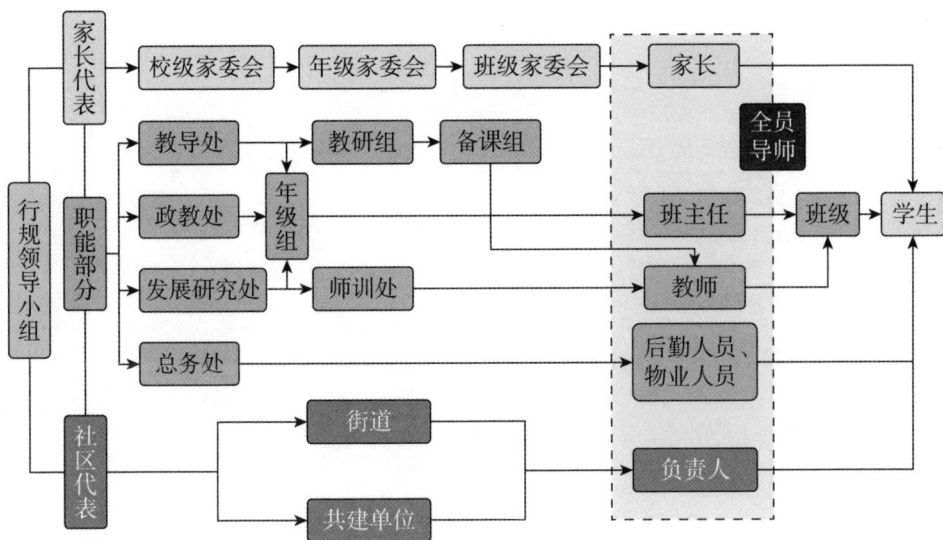

图 2 - 1 德育管理

表 2 - 1 上海市张堰中学行规教育工作各部门岗位职责表

部门	各部门职责
党总支	总体负责学校行为规范教育工作,健全组织管理机构,在行为规范教育工作中把方向、管大局、保落实;开展师德师风教育等。
校长室	全面规划、顶层设计并且领导学校行规教育工作小组开展工作,明确学校行规教育总目标和分目标;定期召开专题会议,研讨行为规范教育工作。
政教处	组织、实施学生行为规范教育和家长行为规范教育指导;指导年级组具体落实行为规范教育。
教导处	负责学校课程建设和实施,落实"五项管理"和"双减"政策,对各项相关工作进行指导、检查、考核,规范管理制度;规范教师的教育教学行为;组织对学生进行学习习惯、阅读习惯、体育运动习惯的养成教育。
总务处	加强校园文化建设,营造良好的行为规范育人环境;为行规教育过程中的活动、场地等提供后勤保障,负责对学校门卫保安、后勤等职工的行规教育。
发展研究处	制订教师行为规范指导年度工作计划;通过各种方法和途径指导教师不断提高自身师德修养,引领全校教师参与到学生行为规范的指导工作中;规划相应学校行规教育课题,引领学校行规科研发展。
团委	指导学生自主管理工作和规范学生在校内外活动中的言行。
年级组	落实对学生日常行为规范的具体实施;对每日学生行为规范进行监督、考评;在课程实施和学科教学中对学生行规养成进行示范和教育。

（续表）

部门	各部门职责
家委会	引导家长关注子女在家庭生活中的行为规范表现,提升家长帮助子女养成良好行规的能力;监督本校教师的教育教学行为,提出合理的改进建议和意见。
社区	协助学校关注学生在上放学途中、周末节假日社区活动中行为规范表现,加强对学生社区生活中的行为规范指导;校级高中生志愿服务基地将学生行为规范教育作为岗前培训的重要内容,学生在志愿服务期间的行为规范表现作为志愿服务成效评价的关键指标之一。

2. 完善常规管理机制,提供行规教育保障

学校从两个层面制定并完善了相关的规章制度。

一是学校管理层面的规章制度,如《张堰中学章程》《张堰中学制度汇编》《德育资料汇编》《班主任工作月考核制度》《上海市张堰中学全员导师制工作制度》。在各项规章制度中,都存在着行为规范的教育内容,并且这些内容与学校的实际情况相一致,突出了学校的特色,同时还具有时代特点。

二是学生行为规范层面的规章制度,如《上海市中学生日常行为规范》《上海市张堰中学学生日常行为要求》《上海市张堰中学学生自主管理办法》《上海市张堰中学奖惩制度》《学生手册》《上海市张堰中学惩戒规则》《上海市张堰中学五项管理要求》等制度。在疫情线上教学期间,各班制定了《班级线上教学班级公约》,同时更新学生会各项检查制度,推进学生形成自我管理、自我教育、自我服务、自我监督、自我评价的制度文化。

3. 打造优美人文校园,创设行规育人环境

（1）优化学校教育环境

校园环境直接影响到学生的思想意识、行为习惯和学习生活方式。作为80多年的老校园,悠久的人文底蕴是我校特有的色彩,从校史馆出发,学校创始人任道远的雕塑、以学校创始人命名的楼宇、具有特色的"白蕉艺术创新实践基地"、底蕴深厚的"张堰书院"等,处处洋溢着老校园的悠远文化气息,无形地激励着学生向先贤致敬,培育学生对学校文化的认同,让学生养成潜心学习的良好习惯;错落有致的绿化布景、古韵别致的荷塘小亭、简约大气的司令台、整齐大方的草坪、美观洁净的跑道、温馨和谐的寝室、光洁明亮的宣传橱窗,为学校开展行规教育提供了物质基础和精神引领。

（2）营造良好的育人氛围

富有时代感、使命感的主题教育系列活动创设了多姿多彩的校园育人环境。以创建"文明校园""绿色校园"为契机，开展了"垃圾分类"主题教育活动，倡议全体师生做好垃圾分类；开展"低碳生活，文明校园"主题班会，增强学生对低碳环保的认识，让他们主动参与到低碳环保的生活中来，践行低碳生活理念，养成良好的生活习惯；以"温馨教室""温馨寝室"创建为抓手，建设和谐融洽的师生关系。校园充满了正能量，教师、学生的精神面貌积极向上，集体形象健康美好，教育活动内容丰富，教学工作秩序井然。班级文化氛围浓厚，特色彰显，如以地理元素为特色、以英语元素为特色、以戏曲文化等元素为特色的班级，充分体现了良好的班风班纪。在这样良好的育人氛围中，潜移默化地规范了学生的言行举止。

二、学校德育工作的实施策略

1. 细化行规教育目标，实施分层行规教育

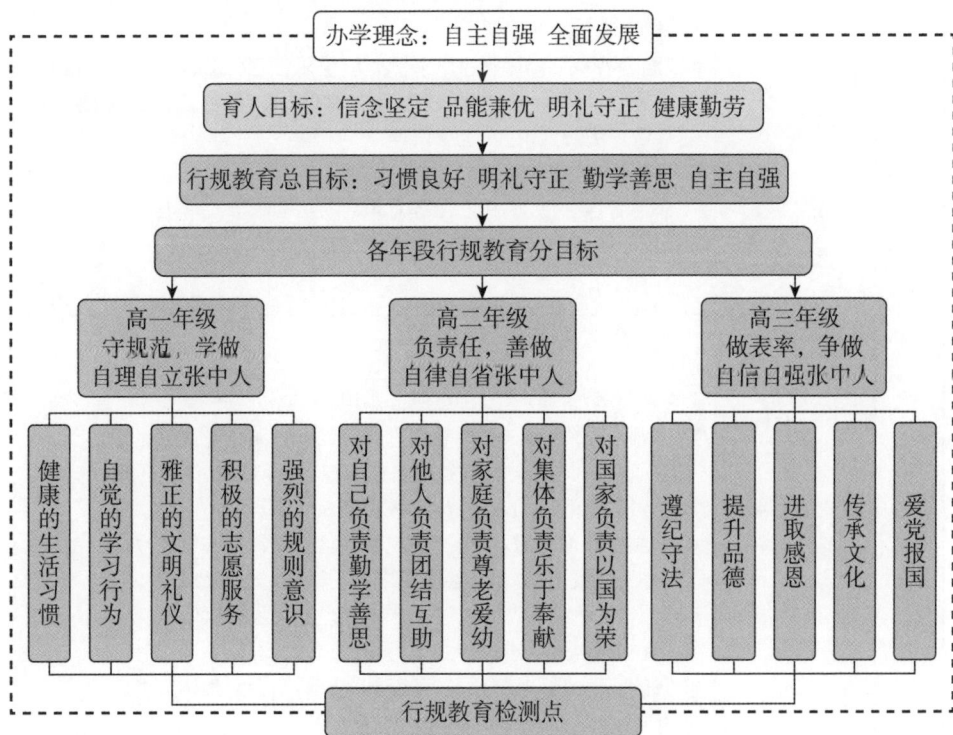

图 2-2　上海市张堰中学行为规范教育目标体系

　　学校坚持把立德树人作为教育的根本任务,以社会主义核心价值观为教育主线,根据普通高中学生身心发展水平和规律,依据《上海市中学生日常行为规范实施手册》和"五项管理"的要求,立足"自主自强,全面发展"的办学理念和"信念坚定,品能兼优,明礼守正,健康勤劳"的育人目标,确定了学校行为规范教育总目标为"习惯良好,明礼守正,勤学善思,自主自强",并进一步制定了分年级、分层次的行为规范教育目标和教育实施路径,把学生行为规范教育内容具体化、阶段化、序列化,既彰显个性,又具备可操作性,有利于学生行为规范知、情、意、行的循序渐进,推动育人目标落地。

表 2-2　分年级行规教育具体实施内容

年级	行规分目标	行规教育实施内容
高一	守规范,学做自理自立张中人	1."八养成、八先后"教育活动,遵守规范,学会学习,养成良好习惯。 2."诚信积分"主题活动,培育认真独立、诚实守信的良好品格。 3."绿色生态"系列活动(垃圾分类检查、光盘行动等),培育生活节俭、杜绝浪费的好习惯。 4."温馨教室""温馨寝室"创建活动,快乐自理,健康自立,友好相处。 5.主题活动班会课、主题教育班会课(时政、法治、禁毒、统战等主题),培育法治意识、安全意识等。 6.学军活动,遵守纪律。 7.志愿者服务活动,树立服务意识。 8."我的行规打卡地图"活动,遵守场馆规则。
高二	负责任,善做自律自省张中人	1."3·5"学雷锋活动,增强服务意识。 2.主题活动班会课、主题教育班会课(法治、诚信、责任、生态、劳动等主题),进一步提升法治意识,自严自律、珍爱劳动、保护环境。 3.孝当先敬老活动,进一步孝敬长辈,尊老爱幼。 4.学业生涯规划课,学会自我规划,反思自省,静心管理,从容应对。 5.学工、学农活动,在社会实践中主动协作,友好互助。 6.打卡"红色地图"活动,进一步增强爱党、爱国情怀。 7.学科竞赛活动,进一步勤学善思,应对挑战。 8.我的"三分地""三分河""三分林"活动,学会对集体负责。

（续表）

年级	行规分目标	行规教育实施内容
高三	做表率，争做自信自强张中人	1. 主题活动班会课、主题教育班会课（感恩、廉洁等主题），继承和发扬中华民族的传统美德。 2. 成人仪式，进一步巩固守法立身的意识，激发自身的责任感、使命感，增强家国情怀和责任担当。 3. 送考仪式，自信担当，争做榜样。 4. 其他凸显时代性的活动（如党的十九大精神、党的十九届六中全会精神进校园等），坚定理想信念，强化责任担当，争做时代先锋。

2. 落实常规管理工作，加强日常德育教育

（1）强化常规管理工作

做好班级卫生、寝室卫生、寝室纪律、晚自习纪律、外卖禁止进校等环节的检查、考评、反馈工作。固定打扫时间，班级卫生一日三扫，卫生大扫除每周一次，寝室卫生天天扫；强化晚自习的管理，对学生的晚自习制定规范制度，并对教师的到位时间、检查次数、检阅标准进行规定；加强外卖食品的日常检查，保证学生的饮食安全；加强寄宿生管理，形成宿管老师和行政值班老师相结合的检查模式；开展管理工作的研究，在常规管理中加强与年级组、相关部门的合作，对于在管理过程中遇到的困难和薄弱环节，提出行之有效的对策，促进年级组科研成果的共享。在日常管理中，以严谨科学的管理、热情优质的服务和务实有效的活动，提升行规教育的实效性。

（2）养成"八先八后"习惯

在《中学生守则》和《中学生日常行为规范》的指引下，学校构建了"八养成""八先后"学生养成教育操作体系、评价体系，以"温馨教室"和"温馨寝室"的系列评选活动、"学科竞赛月"活动为载体，培养学生在学习、生活、合作交往等方面的良好习惯，从而推动中学生的全面发展、健康成长。

表 2-3　上海市张堰中学"八养成"行为习惯

规范内容	评价细则
一、养成使用礼貌用语的习惯	1. 见到老师主动问好，声音响亮。 2. 进入老师办公室应轻敲门，喊"报告"。 3. 同学间交谈，用语礼貌。

（续表）

规范内容	评价细则
二、养成正确处理垃圾的习惯	1. 认真做好值日生工作,保持教室和寝室的整洁。 2. 不随地乱扔垃圾和废弃物,并及时有效地处理垃圾。 3. 积极参与校园卫生活动,做校园环境整洁的志愿者。
三、养成有序摆放物品的习惯	1. 认真做好值日生工作,并有序摆放劳动工具。 2. 学会整理书包及抽屉,各类学科书籍摆放整齐。 3. 自觉主动整理和摆放寝室物品。
四、养成少吃、不吃零食的习惯	1. 进校门应少带或不带零食。 2. 在校期间禁止购买外卖或零食。 3. 在教室、寝室中应少吃或不吃零食。
五、养成不影响他人学习、生活的习惯	1. 上课专心听讲,不做与上课无关的事。 2. 自修课认真学习,不得随意走动、讨论、讲话。 3. 住宿生熄灯后按时就寝,不做影响他人休息的事情。
六、养成规范使用手机、电脑网络的习惯	1. 手机等娱乐设备禁止带入教学区。 2. 禁止携带手机等娱乐设备进入校园。 3. 禁止在教室里随意上网。
七、养成端庄的仪容仪表习惯	1. 在校必须穿好校服,团员佩戴好团徽。 2. 在校不得佩戴首饰及任何挂件,不留长指甲、不装饰指甲。 3. 头发干净整洁,不烫发不染发,男生不留长发,女生不化妆。
八、养成勤俭节约的习惯	1. 每天食堂供应的饭菜应尽量吃完。 2. 节约水电,及时关水关电。 3. 合理使用各种公共财物及学习用品,不随意破坏。

表 2-4 上海市张堰中学"八先后"学习习惯

规范内容	评价细则
一、先计划后行动	1. 能在老师的指导下制订符合自身实际的学期、学年计划。 2. 能制定自己的学习目标,确定学习赶超对象。 3. 考试前根据自己的实际情况制订相关的复习计划。
二、先预习后上课	1. 有针对性地对新学知识进行预习,对疑难问题做好标记。 2. 对预习中收集的相关资料进行筛选整理,做好上课准备。 3. 上课时把预习中的问题与老师教学的内容相融合,并消化理解。
三、先理解后记忆	1. 上课专心听讲,积极思考,做好笔记。 2. 课后主动研究书本和笔记,掌握知识点。 3. 勤于练习,举一反三,巩固知识点。

（续表）

规范内容	评价细则
四、先复习后作业	1. 及时复习，作业不拖拉。 2. 系统回顾、整理当天所学知识。 3. 作业书写工整，格式规范。
五、先思考后动笔	1. 课前充分预习，将疑惑标注在书本上。 2. 上课听讲积极思考，遇到不懂的地方应及时提问或者做好记录，课后解决。 3. 课后复习时，要有独立思考的能力，能从不同角度寻找解决问题的方法。
六、先自研后互研	1. 学会独立思考、独立作业。 2. 学习上遇到经过自己认真思考仍无法解决的困难时，应积极向老师、同学请教。 3. 形成良好的班级学习氛围，互帮互助，共同进步。
七、先基础后拓展	1. 认真把基础概念、基础知识理解透，及时同步练习巩固。 2. 把握重点难点，在理解基本知识点的基础上进行课外延伸。 3. 综合复习要难易点结合，达到融会贯通，全面提升。
八、先整理后总结	1. 每节课后及时将当堂教授的重、难点进行整理。 2. 每天要对所学知识点进行回顾、归纳。 3. 每个阶段进行汇总整理，巩固已学知识。

3. 激发学生管理意识，推行行规自主管理

（1）坚持实施"班集体自主经营"的管理机制

一是制定班规。由学生通过民主讨论来制定本班的制度，尤其在开展线上教学期间，各班在班主任老师的引导下，制定生活方面和学习方面的班级规章制度，使学生的自我管理意识得到了充分的体现，有效地提高了课堂自律性。

二是责任承包。以"我的三分地""我的三分林""我的三分水"责任制活动参与学校管理，既培养了学生的劳动意识，又充分彰显了学生的主体地位。在实施"班集体自主经营"管理的过程中，学生树立了主人翁意识，提升了自我管理水平，提高了自我教育的针对性。

（2）构建"五自"自主管理体系

建立学生自我管理、自我教育、自我服务、自我监督、自我评价体系，为学生提供"五自"自主管理的各类平台。学生会、团委干部根据分工每学期撰写工作

计划和工作小结,从常规类检查到主题活动的设计,做到管理有条理,工作有反馈,定期总结工作,改进学生行规检查。同时,高年级学生干部引领低年级学生干部,以老带新,传承好的工作方法。在各类自主管理的活动中,学校传统的早锻炼是学生自主管理的一大亮点。一年四季,春夏秋冬,每个清晨的 6 点 20 分,在校学生会的自主管理下,各班住宿生在领跑学生的带领下准时集合签到,执勤学生对各班出席人数、队列队形、进退场纪律等方面进行考核。在整齐的步伐声中,学生开启一天的学习和生活。"五自"自主管理体系既锻炼了学生个体的自治自理能力,又增强了学生干部团队的自主管理能力,充分体现了学校"自主自强"的办学理念。

表 2 - 5 　上海市张堰中学自主管理体系

	自主活动	自主管理内容	自主管理关注点
常规类	早锻炼	签到时间、出席人数、队列队形、进退场	快、静、齐
	大课间	进退场、出席人数、做操质量	准确、有力、到位
	黑板报	板报内容、布局、文字书写	主题、色彩、书写
	值周班	校门执勤、升旗手、校园巡视	文明礼仪、值周反馈
活动类	艺术节 体育节 科技节 读书节	策划、实施、竞聘 编排、组织、志愿服务	组织能力 参与度
	温馨教室 温馨寝室	环境布置、纪律管理、学风创建	卫生、纪律、整洁度

4. 加强校园文化建设,丰富德育实践载体

学校积极开展形式多样的校园活动。以"留溪璀璨,百舸争流"为主题的"四月四节"为学生提供了展示的舞台:加强学生心理健康的心理活动月;提高学生学习能力的学科竞赛月;培养劳动意识的劳动创造月;坚定学生理想信念的理想信念月;拓宽学生阅读能力的人文读书节;增强学生身体素质的阳光体育节;培养学生创新意识的科技创新节;展示学生才艺的人文艺术节。通过开展这些活动,学生产生了浓厚的兴趣,激发了他们心中的热情。在参与的过程中,同学们

找到了自己的优点,也认识到了自己的缺点,并在此基础上,自觉向优秀的榜样学习,使自己的言行举止得到了规范。

表 2-6　校园文化活动之"四月四节"

校园活动	具体项目	校园之星	德育关注点
四月	心理活动月	礼仪之星	平等待人,与人友善;尊重教职工,见面行礼;同学之间互相尊重、团结互助;使用礼貌用语,态度友善;诚实守信,言行一致。
	学科竞赛月	学习之星	热爱学习,有正确的学习方法,成绩优异,在学习方面起到表率作用。
	劳动创造月	劳动之星	热爱劳动,在校内外都积极参加劳动实践活动;养成良好的劳动卫生习惯,对劳动成果爱惜有加,不乱丢垃圾,不乱涂乱画,不随地吐痰,看到杂物能主动拾起。
	理想信念月	进步之星	勇于面对自身不足,努力克服挫折;在学业成绩、行为习惯培养等方面有较大进步。
四节	人文读书节	阅读之星	喜欢看书,培养自觉阅读的习惯,有丰富的课外知识;积极参加学校各种读书活动;能主动带动同学们认真阅读,营造浓厚的读书氛围。
	阳光体育节	体育之星	学习态度端正,有一项或多项特长;体育运动方面有特长,具有拼搏精神。
	科技创新节	科技之星	具有创新思维,动手能力强,有良好的科学素质;积极参加各类科技活动,能在科技创新领域起到示范带头作用。
		环保之星	讲究个人及公共卫生,能主动帮助学校开展卫生工作;能主动捡拾垃圾,能督促别人不丢垃圾,环保意识较强;有良好的垃圾分类习惯。
	文化艺术节	才艺之星	在文学、书法、美术等方面有一定的特长;在校内外都积极参加各种艺术活动或比赛,并能取得优异的成绩。

以"心理健康月"为例,运用心理健康教育的理念与方法,拓展实施行为规范教育形式,有效地激发学生的认同感和接受感,并以此丰富学生内在感受和

体验,做到真正落实行为规范教育。在"心理健康月"活动中,设置多方位的以艺术心理专题为内容的活动,活动主题多样化,比如"从心表达,重新出发""聆心表达,助心成长""聆心表达,润心成长";参与对象多元化,从学生个人到班集体,从学生到教师和家长。在活动中,融入行为规范教育,将心育作用与行规教育相结合,宣传普及心理防疫知识,营造良好的校园心理防疫氛围,增强学生心理防疫能力,促进学生健康成长,使学生在心理活动中养成更好的行为规范。

5. 建立帮教制度,关注德育育人细节

(1) 全面实施"全员导师制"

学校以"三个明确"积极推进"全员导师制"工作。一是明确导师职责,引导思想动态、疏导心理状态、辅导学业学习、倡导生活方式、督导品行品德、指导生涯规划、沟通家校工作;二是明确导师任务,包括家访、谈心谈话、书面反馈等;三是明确结对原则,以"育心、育行、育智"的"三育"原则,对心理特殊、行为特殊、学习特殊的三类学生,双向选择帮扶结对。开发《留溪心录——导师工作手册》《班级导师团队研究记录本》,强化经验分享和案例教学。在疫情线上教学期间,共收集导师育人案例12篇。

教师始终把行为规范教育贯穿于导师工作中,在和学生的交流中,帮助他们树立规则意识、责任意识,培养他们的自主学习能力,引导他们合理规划生涯,激发他们爱党爱国情怀。对于行为特殊学生,组建了以班主任为核心,行政领导为辅的团队,每周与学生进行一次谈心,观察他们的行为,及时表扬他们在行为习惯上做出的微小改变;对于心理特殊的学生,形成了以心理教师为核心、班主任为骨干的工作机制,建立学生心理档案,进行三年一贯的跟踪指导;对于学习特殊的学生,主要以任课老师为主,选配该学生薄弱学科的任课老师为导师,在学习方法和策略上对学生进行指导。从年级试点到全校开展,学校积累了一定的导师制的工作经验,为今后更好地开展行规教育工作夯实了基础。

(2) 关注贫困学子的健康成长

积极做好贫困生的国家资助工作以及学校资助工作,为更多的家庭贫困学生搭建平台,借助社会力量关心家庭贫困学生的学习和家庭生活,如罗星印刷厂、乔治白校服公司对我校多位学生的慷慨资助。为了让学生真切感受到学校的温暖,在每年迎新之际,开展"青春同行,益路暖阳——点亮心愿"活动,给学生送去个性化的、针对性的温暖和祝福,在活动中让学生学会感恩,养成与人为善的行为准则。

6.加强师德师风建设,促进师德率先垂范

(1)签订承诺书

学校重视师德师风建设,结合习总书记提出的"新时代四有好老师"标准,全面落实《新时代中小学教师职业行为十项准则》,重视教师思想政治工作,引导全体教职工自觉做好先进思想文化的传播者、党执政的坚定支持者,担负起作为学生成长的引路人的责任,形成了"严管、勤教、善学"的工作氛围。每年开展"关于有偿补课、教师违规收受礼品礼金等问题的自查自纠",签订《上海市张堰中学教师自觉抵制"有偿补课、违规收受礼品礼金"等承诺书》,从思想意识上规范教职工的行为。

(2)开展评选活动

在党总支的组织下,各部门开展以"留溪璀璨,桃李芬芳"为主题的教师评选活动,树立优秀教师的良好形象,宣传优秀教师的先进事迹,让学生在潜移默化中以老师为榜样,形成正确的人生观、世界观。同时,学校注重规范校内第三方服务人员(食堂、门卫等)的行为。每学期开学前,开展职业培训,规范他们的行为习惯、文明用语,尤其在返校复课期间,严格要求他们遵守疫情防控要求,让这些服务人员同样成为学生学习的榜样,真正实现"人人都是德育工作者"的工作目标。在这种"全员育人"的氛围下,学生在耳濡目染中增强了自律性,形成了良好的行为习惯。

7.深化课程教学改革,实现课程德育教育

在"双新"改革的背景下,依据国家课程设置,学校将课程分为必修课程、选择性必修课程和特色选修课程。学校特色选修课程则依托学校实际情况与办学特色,根据学生的多样化发展需求,结合学校文化历史底蕴和未来规划,制定了具有"明德笃行"意义的德尚课程、具有"强基培优"目标的哲思格物课程、具有"素养提升"效果的修身实践课程和具有"兴趣发展"作用的航空航天科技特色课程。在课程建设中,能够凸显"习惯良好、明礼守正、勤学善思、自主自强"的行为规范目标,让行规教育深度融合课程建设。学校开设德尚课程,重点培养学生"明德"意识,引导学生养成良好的习惯,做事有责任、有担当、胸怀家国情怀。如"先贤文化"课程,引导学生以学校的"五先贤"(学校的创始人任道远、陈陶遗、高平子、方冲之、白蕉)为榜样,成为"守规范,自理自立;负责任,自律自省;做表率,自信自强"的张中人。

为进一步促进学生核心素养的落地,学校在"双新"视域下采用大单元教学。基于课程标准、教学内容,依据学生实际情况,在大单元教学设计过程中,实施"五环四案"(五环:备课、上课、作业、辅导、评价;四案:自研案、导学案、导习案、自修案)课堂增值计划,重在培养学生勤学善思的良好的学习习惯。"五环四案"教学法既有利于教师梳理单元知识结构,形成素养培育,也有利于学生完善学习阶段,厘清知识脉络,自修知识体系,内化学科素养。在疫情期间,为规范学生的学习行为,提升线上学习的主动性和实效性,学校在教学五环节上加强研究,如各学科组织编写了各具特色的长作业:数学和物理学科采用了单元思维导图来整理知识点,厘清知识点间的联系,构建单元知识结构框架;生物学科设计了课题探究作业,研究生活健康和遗传的关系;英语学科以"我身边的防疫英雄""文娱天地""知识分享角"等为话题,进行以小组为单位的英文小报创作;语文学科以世界文学形象名人堂为切入点,培养学生从不同的视角去观察和解释文学作品中的人物形象,强化了学生的学习习惯。

8. 设计生涯规划课程,内化德育教育素养

立足学生的长远发展,学校积极探索并逐步完善高中学生发展指导的工作模式,探究学生指导的系统框架,制定了学生发展指导内容体系。引导学生结合学习生活、社会生活和职业选择,从职业前景的角度更加客观地认识自己、社会和职业生活,并据此做出有利于自身发展的决策行动,从而推动行为规范教育的落实。经过探索和研究,学校取得了一定的成绩,于2017年出版了《高中生生涯规划辅导读本》一书,并开设了备受学生和家长好评的学校生涯规划特色课程——高二年级的"父母课堂"。通过邀请父母进入课堂介绍他们的一日工作,带领学生体验父母的一日工作,让学生知道各种职业方向,从而选择适合自己的职业。

同时,学校注重培养学生的社会实践能力,在实践活动中,鼓励学生观察、学

习他人的优点,养成良好的行为习惯。在敬老院,学会如何照顾老人,尊敬长辈;在金山火车站,学会如何与人沟通;在石化海鸥大厦,学会整理房间,礼貌待人;在阳光之家,学会如何帮助弱势群体。这些品质的锻造无疑也是落实行为规范教育的助推器。(见表2-7)

表2-7 社会实践活动

活动地点	活动内容	德育关注点
金山惠民银行	前柜接待、经理助理	分享资源 服务集体
金山铁路	引导乘客排队购票、乘车	遵守规则 维护秩序
石化海鸥大厦	接待顾客、打扫客房	接待来宾 传递文明
阳光之家	与阳光之家的学员互动,做手工、玩游戏,开展文艺活动	关心弱小 传承美德
张堰图书馆	整理图书,管理图书	爱护公物 保护环境
金山医院	给病人提供服务	分享资源 服务集体
枫泾古镇	景点引导员	参观游览 公德为先
敬老院	与敬老院的爷爷、奶奶聊天谈心,帮助他们整理房间	孝敬长辈 传承美德
张堰南社	爱国主义教育课题实践	爱党 爱国 爱人民
爱心暑托班	班主任助理	关心弱小 传承美德

9. 协同三方育人机制,助推德育教育联动

(1) 同步家校行规教育

学生行为规范的培养离不开家长的配合。学校定期举办家庭教育专题培训,研究策略,形成行规指导合力。如在高一新生报到前召开家长会,开展"如何指导孩子适应高中住宿生活"的主题培训,让家长在开学前指导孩子养成住宿期间的良好生活习惯;高二开设生涯规划课程,用家长自身的工作经历让孩子明白生涯的方向,合理制定出适合自己的生涯规划,激发孩子的学习动力;高三年级

开展学生心理健康的主题讲座,指导家长学会从孩子的行为了解其心理,再从心理预判行为,从而更好地开展家庭行为规范教育。学校还以"家校携手,共促成长"为主题,开设分年级家长主题活动,鼓励家长进校园,以"走进自修课教室""孩子的一天""家长志愿者"等活动,让家长更直观地了解自己的孩子在学校、在课堂的行为表现,从而达到家校同步教育的实效性。

（2）联动社区行规教育

学校积极落实体验式的行规教育,鼓励学生积极参与社区文明创建活动,与解放、富民、东风居委会及百家村村委会建立"区域党建结对活动",开展以"知孝重道,礼仪先行"为主题的"孝当先"活动,陪伴社区孤寡老人聊聊天,帮助他们做做家务,聆听他们讲述丰富的人生经历,让学生学会尊老爱幼,传承中华传统美德。

10. 心理发展促进健康人格

根据高中学生心理发展特点,学校开设"心理健康教育"课程,以帮助学生适应高中学习生活,并利于开发创造性思维,充分激发学习潜能,在日常学习生活中获得丰富的情感体验;清楚个人能力水平、兴趣爱好,在了解社会就业现状的基础上,预先确立好自己的职业志向,并做好职业的选择和准备;能正确认识到自身人际关系的状况,正确对待与异性同伴的交往,建立对他人积极的情感反应和体验;提高承受挫折和应对挫折的能力,形成良好的意志品质。

学校每年开展系列化主题班会活动,政教处依据《中小学德育工作指南》,分年级菜单式确定每周班会课的主题,各班按主题要求落实,每学期每班拿出一节精品主题班会课进行展示,并组织开展主题班会课评比活动,提升班会课德育教育的质量。在青春期教育方面,加强课程建设,真正将青春期教育纳入心理健康教育体系,通过各种实践和讲座活动,让学生对青春期建立正确的认知,具备健康的知识、态度和技能,使他们能够积极面对成长过程中的各种问题。

为了更好地帮助个别有不同程度心理、行为问题的学生渡过难关,健康快乐地成长,学生发展指导中心下属的心理咨询室每天固定时间开放,由心理老师提供与学生一对一的咨询与辅导。学生遇到问题可以主动来访。此外,在与班主任和任课老师的沟通中,我们了解到学生存在需要心理调适又不愿主动来访的情况。为此,我们采用了"抽学号访谈法",即以心理老师抽学号了解日常学习生活情况为由,搭建学生和心理老师的联络平台,使每一位有需求的学生都能得到专业的指导。

在教育实践过程中,我们发现家庭教育对学生心理健康和道德品质的形成有着不可忽视的影响。因此,做好学校与家庭的教育沟通与协调工作非常重要。学校在工作实践中制定了明确的家校联系制度,要求班主任第一学期对新接的班级进行一次普遍走访,第二学期对贫困家庭学生、行为偏差学生、学业能力薄弱学生进行家访和电话走访。同时,系统组织班主任学习有关家访的工作要求,明确家访的重点是增强家长的家庭教育意识,引导家长学习家庭教育的知识和策略。

教师还经常运用班级微信群、QQ群等形式,开辟网上家庭学校,不定期地为家长推送家庭教育的有关资料,探讨学生德育的有关话题,开辟家庭与学校之间沟通交流的新途径,不断改善家庭育人环境,发挥学校和家庭在学生德育工作中的合力作用。我校心理老师顾亮不断探索心理健康教育的方法,努力做好心理健康宣传工作,开设"聆心社"心理社团,创办"聆心"心理报刊,以报刊的形式发送到每个班级,积极宣传心理健康教育。

三、学校德育工作的品牌与辐射

1. 打卡"行规地图",点亮行规教育特色

(1) 品牌名称:《青春之旅——"我的行规打卡地图"》

(2) 核心内涵:学校从三年高中行规教育的整体出发,将行规教育活动化、系列化、综合化,制作《青春之旅——"我的行规打卡地图"》(以下简称《手册》)。《手册》不仅将标记学生高中三年行规教育的场馆"足迹",更会记录各种活动的人文内涵。我们以情境式场馆教育为行规教育载体,设计多种打卡活动,从课堂到校园,从校园到社区。基于各年段行规教育目标,学生以"必选+自选"的形式进行场馆打卡,在活动体验中将"行规"内化于心、外化于行,将行规他律转变为个人自律,自觉践行知行合一,继而在打卡活动中厚植自己的家乡情——金山情,激发家国情怀。

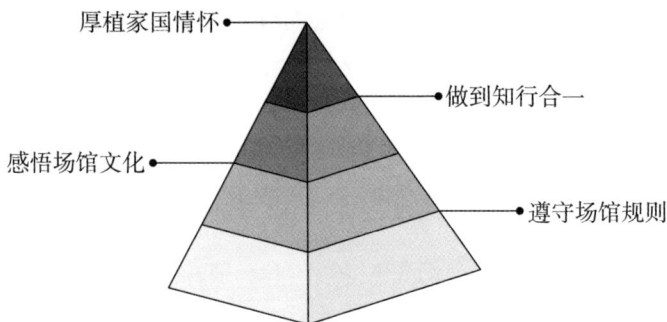

图 2 - 3　"我的行规打卡地图"核心内涵

（3）"我的行规打卡地图"具体内容

表 2 - 8　"我的行规打卡地图"具体内容

场馆类别	场馆	行规制度	《手册》打卡内容	活动目标
Ⅰ类打卡场馆:校内日常场馆	教室	班级公约、实验室使用规则、艺术教室规则等	打卡签章:以"有序""好学""规范"为关键词,"诚信"签名,累积诚信积分	有规矩——遵纪守则
	寝室	寝室管理制度	打卡签章:以"自律""责任""爱心"为关键词	
	食堂	食堂用餐制度	打卡签章:以"有序""节俭"为关键词	
Ⅱ类打卡场馆:校内特殊场馆	操场	集会制度	记录升旗仪式上国旗下讲话的感想	重情怀——执礼有节
	图书馆	图书馆使用规则	记录"我最喜爱的一本书"	
	报告厅	集会制度	记录"我印象最深刻的一场报告"	
	校史馆	参观规则	书写"我的志向"	
	天文航天馆	参观规则等	记录我国航天科技故事	

（续表）

场馆类别	场馆	行规制度	《手册》打卡内容	活动目标
Ⅲ类打卡场馆：社区共建场馆	南社纪念馆	参观规则	记录"南社一角"特别印象，"我做南社宣讲员"，点亮"学习之星"	求发展——乐学善思
	张堰历史人文风情馆		讲述"张堰镇与我的故事"	
	张堰公园		拍摄一张"我与张堰公园"的合影	
	白蕉艺术馆		记录白蕉的生平事迹	
	华侨书画院（大境堂）		体验书法活动	
	朱鹏高艺术馆		记录"我印象最深的一幅作品"	
	陈氏楼（走马楼）		手绘"回"字楼的建筑结构	
	闻万泰非遗展示馆		品尝"闻万泰酱菜"的味道	
	大隐书局		寻找"我最喜爱的一本书"	
	钱家祠堂		体验专业篆刻和剪纸活动	
Ⅳ类打卡场馆：社会公共场馆	博物馆、天文馆、艺术馆等	社会场馆使用规则	参观打卡；志愿者服务，点亮"志愿之星"	会做人——进取感恩

2. 发挥示范引领,促进行规发展

(1) 科研引领,为行规教育提供理论支撑

学校始终坚信学生的行为规范教育是育人的奠基石。因此,我校以科研引领,开展实践和研究,将行为规范教育纳入各项课题研究中,如思政学科李秋芳老师的市级德育课题《基于政治认同的活动型政治课堂实践研究》,以研促教,在课堂教学中,设置关键性活动,通过任务驱动培养学生的政治认同,增强学生的爱党爱国意识,培育和践行社会主义核心价值观;数学学科张欢老师的区级课题《以构建"问题链"培养数学建模能力的实践研究》,以问题链驱动,培养学生善于思考,在思考中直面问题、分析问题、解决问题、破解难题,不断提高解决实际问题能力;政教处江丹英老师的课题《基于"三全育人"大背景下高中推行全员导师制育人模式的实践研究》,把行为规范教育作为导师的任务之一,在此过程中不断实践、总结、反思、验证,循环反复,形成可复制、可推广的经验和行之有效的行规教育方法。在学校行为规范教育工作中,我校教师且行且思,以科研引领,把行规教育工作的研究成果应用到新的实践中。

(2) 成果推广,发挥引领示范作用

"十三五"以来,学校在教育教学方面获得了较多喜人的成绩,尤其在行为规范教育方面更是受到兄弟学校、教育局领导和家长的赞许和好评。学校教师代表每年到云南的景东一中、银生中学开展教育教学工作交流,如政教处江丹英老师在银生中学做了题为"施行教养慧德,促德行共成长"的行为规范教育报告。我校在"十三五"期间的行为规范自评报告收入了区级汇编;在"十四五"期间的"行为规范示范校"的申报中,我校作为代表学校进行了区级交流。学校出版了多本教育教学著作,如《德润慧行共成长》《高中生生涯规划辅导读本》等。教师的多篇关于行为规范教育的论文和案例获得区级、市级、长三角地区的奖项,如陈佳红老师的《食品教育案例》荣获区级二等奖;邱丽雯老师的《亲手制出"不喜欢"》荣获区级三等奖;王佩老师的《"家长课堂"下"以劳育德"的实践探索》被收入全国第二届"五育融合"研究论坛会议论文集,同时被评为第三届长三角地区中小学德育创新论坛优秀案例;郑林林老师撰写了《"改变家长自己",助推孩子成长》等。

第三章　教师的自我提升
——"四维四阶"的全员培育

第一节　终身学习的修炼突破

　　社会变革和科技进步对教师提出了更高的专业素养和适应能力的要求,使教师面临着知识更新加速、信息爆炸增多、社会需求多元等挑战,如果不进行终身学习,就会落后于时代,失去竞争力;教育改革和发展对教师提出了更高的期待,使教师面临着课程改革创新、教育理念转变、教育模式变革等任务,如果不进行终身学习,就会束缚于传统,失去活力;学生成长和发展对教师的育人能力提出了更高的要求,使教师面临着适应学生多样化需求、关注学生个性化发展、促进学生全面发展等使命,如果不进行终身学习,就会忽视变化,失去影响力。这一切都迫切要求教师是一名终身学习者。

　　终身学习是指教师在其职业生涯中,不断更新知识、提高能力、拓展视野、丰富经验、提高专业素养和教育教学水平。教师终身学习是提高教师专业素养和教育质量的必要条件,因为只有不断学习,才能跟上时代的步伐,掌握新的知识和技能,提高教学水平;教师终身学习是促进教师个人发展和职业发展的有效途径,因为只有不断学习,才能拓展自己的思维和视野,丰富自己的内涵和境界,实现自己的价值和理想;教师终身学习是培养学生终身学习能力和素养的重要示范,因为只有不断学习,才能树立自己的榜样作用,影响和激励学生形成良好的学习习惯和态度,培养学生的自主学习、创新学习能力。

教师终身学习的内容主要包括以下几个方面:一是学科知识和教学技能,即教师应该不断更新和深化自己所教授的学科领域的知识和理论,掌握和运用有效的教学方法和手段,提高教学质量和效率;二是教育理论和教育实践,即教师应该不断学习和研究教育的基本原理和规律,关注和参与教育的改革和创新,提高教育水平和能力;三是社会知识和社会技能,即教师应该不断了解和适应社会的发展变化,掌握和运用有效的沟通、协作、管理等技能,提高社会责任感和影响力;四是人文知识和人文素养,即教师应该不断涵养和提升自己的文化修养和道德品质,掌握和运用有效的自我认识、自我调节、自我发展等方法,提高人文情怀和人格魅力。

从实践来看,教师终身学习的途径概括起来主要有以下几种:一是正式学习,即教师应该利用各种形式的培训、进修、研究等机会,系统地获取新的知识和技能,提高自己的专业水平和能力;二是非正式学习,即教师应该利用各种形式的阅读、观察、访问等机会,灵活地获取新的信息和经验,拓展自己的视野和思路;三是自主学习,即教师应该利用网络、图书、媒体等各种形式的资源,主动地获取新的观点和方法,丰富自己的内涵和境界;四是合作学习,即教师应该利用交流、讨论、合作等各种形式的活动,通过互动来获取新的反馈和启发,增进自己的沟通和创新能力。

教师终身学习的评价是指对教师终身学习的过程和结果进行有效的监测和反馈,以提升教师终身学习的质量和效果的一种活动。教师终身学习的评价主要有以下几个特点:一是多元化,即教师终身学习的评价应该采用多种方式和方法,如自我评价、同行评价、学生评价、专家评价等,以获取全面和客观的信息;二是动态化,即教师终身学习的评价应该贯穿于教师终身学习的全过程,如前测、中测、后测等,以获取及时和有效的反馈;三是发展性,即教师终身学习的评价应该以促进教师终身学习的发展为目的,如诊断性、指导性、激励性等,以获取有用和有益的建议。

教育是国家发展的基石,面临全球化和新技术,教育至关重要的地位已日渐突显。习近平总书记指出:"'两个一百年'奋斗目标的实现、中华民族伟大复兴中国梦的实现,归根到底靠人才、靠教育。"党的二十大报告指出,要"建设全民终身学习的学习型社会、学习型大国"。我们要想在现有的基础上实现教育的终身化、优质均衡化或者是特色多样化,都离不开教育的改革和转型,离不开教师专业化发展的转变与提升。

第二节　"四维四阶"的教师赋能

学校以教师的专业化发展为目的,围绕"学科核心素养培育"和新教材、新课程改革,创新校本师训模式,实施"四维四阶"教师队伍建设行动计划,探索不同阶段教师全方位的专业发展机制,把教研、科研和培训结合起来,达到"教、研、训"一体化,努力打造一支"敬业爱生、勤研善教"的专业化教师队伍。

"四维四阶"教师队伍建设行动计划,以师德维度、育人维度、教学维度、科研维度为四个维度,以职初教师、青年教师、骨干教师、高端教师为四个阶段,对教师进行分层培养,促进专业发展水平的提升。

第一阶段,对于职初教师,即0—1年教龄的留溪新苗来说,学校通过"四维"培训,使职初教师尽快适应教师身份,迅速站稳讲台。学校成立职初教师培训班,指定辅导员进行带教,从"四维"角度进行全方位培训。在师德维度上,加强师德师风建设,充分利用区内"规培"平台,积极提升自我;积极参加校内组织的师德培训,做好培训记录,撰写学习心得,通过自主自研,不断加强自身师德修养。在育人维度上,职初教师由辅导员全面指导,辅助参与所任教班级的管理,每月由辅导员带领,参与由辅导员指定的一次班会课听课,并进行研讨;进行主题教育活动设计,每两个月进行一次活动设计展示,由辅导员组织全体学员共同听课,课后及时开展研讨;在听课、研讨等方式的基础上,阅读相关教育书籍,撰写心得体会。在教学维度上,由学校组建职初教师的学科导师带教团,由带教教师指导职初教师的教学工作;被带教教师一星期至少听带教教师两节教学课,并与带教教师进行教学研讨;带教教师要主动参与被带教教师的日常教学,提倡随堂听课,并进行教学指导;辅导员统一安排,每半个月一次的全体职初教师集体随堂听课，课后集体研讨，及时总结反思；每学期做好学期小结，写好心得体会；积极参加学校组织的各级各类教学评比活动，每学年进行教学成果展示。在科研维度上，根据在教学过程中遇到的问题，在网上查找相关文献资料，撰写一篇500字以上的教学反思；围绕核心素养培育，撰写一篇以上教学案例；学会根据教育问题在网上查找文献，寻求解决方案，并撰写一篇500字以上的思政案例。

第二阶段，对于青年教师，即1年以上教龄的留溪新秀来说，学校力求打造一支年富力强的青年教师团队，让青年教师在政治思想、业务能力、工作落实等方面均能达到教学要求，着力培养青年教师良好的职业道德和敬业爱岗精神，认真熟悉各教学环节，掌握教学规律，能独立、较好地完成教学任务，逐渐成为教学骨干或教学带头人。学校分年级成立带教班，由中层担任辅导员，下设导师团，校级领导设定评价机制。在师德维度上，青年教师进行理论学习，积极开展阅读活动，定期制订阅读计划并开展交流；积极参加校内组织的师德培训，做好培训记录，撰写学习心得；开设留溪师德论坛（每学年第一学期），积极开展讨论。在育人维度上，在"五育融合"的大背景下，由辅导员结合各自带教年级不同的德育目标，制订带教计划；立足校内培训，以"老、中、青"德育团队协作为主要形式，年级组内互帮互助，年级组长带领团队的青年班主任，积极向有经验的资深班主任取长补短，参与有效班会课设计与实施的过程；积极参与学校组织的"道远杯"主题教育课设计比赛与评比课；党员青年班主任开展主题班会课展示；以教育教学中的"案例评析"为抓手，鼓励青年班主任反思育人工作中的得与失，养成随笔习惯，撰写德育论文；导师团对于团队班主任建设给予适时指导。在教学维度上，辅导员制订年级教学带教计划，定目标、定内容、定时间、定地点，做好年级组青年教师带教任务的落实与实施；熟悉学校特色课程，以新教材全面实施为契机，青年教师深挖自己的课堂教学，提质增效；以一学年为单位，开展"听课、评课、赛课"活动，为青年教师搭建舞台；提升自己的课堂教学效率，在"单元教学一体化"的前提下，备课要立足于整个单元，具有前瞻性；在作业设计上要有自己的思考，形成适合张中学生的习题集；积极参加教研组、备课组活动，主动思考，提出有建设性的意见与建议。在科研维度上，学习学科课程标准，结合自己的课堂教学实践，每两年撰写一篇围绕学科核心素养培育的教学课例；熟练掌握文献检索方法，利用图书馆或网上资料，结合新课程标准和课堂教学实际，每两年撰写一篇

800 字以上的文献综述或申报一个校级课题;每两年撰写一篇 800 字以上的课堂教学体会或教学论文。

第三阶段,针对的是骨干教师,也就是留溪骨干,学校力求打造一支具有现代教育观念,有较强教科研能力的学科骨干教师队伍。通过理解新课程标准,在新教材教学过程中形成一定的教学特色,能给青年教师起到示范和带头作用,在此基础上培养一批校级、区级及以上的骨干教师或名师。学校以"留溪骨干"培养工程为平台,自研与互研相结合,从"四维"角度设定五年发展计划,让骨干教师全方位提升自我。在师德维度上,加强骨干教师队伍的职业道德水平,形成骨干教师自觉提高自身素质的良好氛围,与青年教师齐努力、共进退,增强年级责任意识,进一步深化理论认知,以更高的层次角度要求自己,五年内上交一篇带教体会。在育人维度上,全面实施"三全育人"模式,提高育人实效;以"全员导师制、家校互动、社区联动"为抓手,落实全员育人;积极参加校、区组织的各级各类德育活动,身先垂范;发挥成熟班主任特长,利用各种教育载体,依托信息科技时代的先进技术,与时俱进,以老带新;开设思政讲坛,可结合当月学校所定的德育主题,给予具体且有针对性的意见和建议,为经验交流提供平台。在教学维度上,以教研活动为载体,提升教师教育教学能力,开设"示范课",为青年教师学习提供平台,深入研究"双新",研究课堂设计、作业设计、命题内容等方面,做有质量的提升;积极参与"听课、评课、赛课"的过程,在不断地磨课中提升自我,同时加强教学思想研究,把握教育脉搏,形成教学论文,为青年教师做好榜样并给予指导。在科研维度上,学习和理解新课程标准,积极开展新教材教学,积累课程教学经验,逐步形成自己的教学特色,每学年撰写一篇围绕学科核心素养培育的优质教学课例;充分运用文献检索和各类教育教学资源,结合新教材课堂教学实践和课堂教学中遇到的问题,每学年撰写一篇 1 500 字以上的文献综述或教学论文;五年内申报成功一个区级课题,发表区级及以上教学论文一篇。

第四阶段,对于高端教师也就是留溪名师,学校力求打造一支影响力大、能引领骨干教师发展的高端教师团队,培养部分成员成为区、市级的名师或导师。通过对校内高级教师团队的培养,力争让更多的高级教师在新课程、新教材的教育实践中不断成长,在培养和引领骨干教师成长的过程中得到各方面的锤炼,成为我校教师队伍的师德标兵和提升教师专业化水平的引领者。学校成立"留溪名师工作坊",以"留溪名师工作坊"为平台,为教师专业化发展保驾护航;以"四维"为标准,多角度、全方位提升自我。在师德维度上,参与全员培训,增强教师学习教育教学理论的自觉性,五年内在校级层面开设一次师德或思政讲座,同时还要上交一份带教心得。在育人维度上,在师德修养方面为青年班主任树立典范,促使青年教师在思想上健康成长;指导青年班主任在班级管理方面的具体工作,起示范作用;引导青年班主任学习教育理论,探索教育规律、教育方法,指导青年教师撰写教育论文。在教学维度上,分层次带教骨干教师和青年教师,使教学研讨形成常态化、常规化;每学年带教2名以上青年或骨干教师,积极开展新课程、新教材教学实践的指导工作,理解新课程标准,引领新教材教学研究和实践,每学年开设一节以上的校级及以上示范课;以"双新"为契机,就新课程、新教材进行深入研讨,每学期至少进行一次教研组及以上的教学研究专题发言。在科研维度上,正确解读新课程标准,积极开展新教材教学研究,每学年指导2名以上教师撰写围绕学科核心素养培育的优质教学课例;每学年完成一篇3 000字以上教学论文,五年内发表一篇区级及以上科研论文;结合新课程标准和新教材教学,以提升教育教学质量为目标,五年内至少完成一个区级及以上的研究课题。

附:留溪新苗培育基本内容

维度	领域	基本要求
师德修养	爱岗敬业	1. 贯彻党和国家教育方针政策,自觉遵守《教育法》《教师法》等法律法规,依法执教,遵守学校的各项规章制度。 2. 热爱教育事业,有强烈的事业心,讲奉献,比贡献。 3. 自觉维护学校集体荣誉,注重自身专业发展,不断提高师德境界。
	廉洁从教	1. 坚守廉洁自律,规范从教行为,不利用工作之便谋取私利。 2. 坚守高尚情操,发扬奉献精神,自觉抵制社会不良风气影响。 3. 秉持公平诚信,坚持原则,为人正直,不徇私舞弊、弄虚作假。
	为人师表	1. 遵守社会公德、家庭美德,举止文明礼貌,作风正派,言行一致。 2. 衣着整洁得体,文明执教,自觉维护教师的职业形象。 3. 富有爱心、责任心、耐心,做事细心。善于自我调节情绪,拥有健康心理、健全人格。

（续表）

维度	领域	基本要求
育人水平	关爱学生	1. 尊重学生人格和个性，公正对待每个学生，耐心教导，不讽刺、挖苦、歧视学生，不体罚或变相体罚学生，保护学生的身心健康和合法权益。 2. 尊重个体差异，正确评价学生，不断对学生进行鼓励，促进学生全面、主动、健康发展。 3. 遵循学生身心发展特点，用科学的方法引导学生，师生关系和谐。
	班级管理	1. 针对中学生青春期生理和心理发展特点，组织开展有益身心健康发展的教育活动。 2. 掌握班级管理的原则与方法，有效管理班级和开展班集体活动；指导学生学业、心理、生涯等多方面发展。 3. 注重结合学科教学进行育人活动，妥善应对突发事件。
	沟通合作	1. 谦虚谨慎，尊重他人，与同事之间合作交流，自觉维护其他教师的威信。 2. 与家长关系融洽，积极与学生家长沟通，认真听取意见和建议，积极宣传科学的教育思想和方法。 3. 协助学校积极与家长、社区建立合作互助的良好关系。
教学专业	基础知识	1. 掌握教育学和教育心理学的基本原理和主要方法；具有自然科学、人文社会科学和艺术欣赏等知识。 2. 掌握一定程度的教学手段和方法，了解现代化的信息技术知识。 3. 了解并掌握中学生身心发展的一般规律与特点。
	专业知识	1. 理解所教学科的知识体系、基本思想与方法。 2. 掌握所教学科内容的基本知识、基本原理与技能。 3. 了解所教学科与其他学科的联系、与社会实践及共青团活动的联系。
	教学技能	1. 熟悉学科教材、学科课程标准。 2. 掌握一定程度的教学方法与策略，合理利用教学资源和方法设计教学目标、教学计划和教学过程。 3. 了解和掌握学科课程资源开发与校本课程开发的主要方法与策略。

（续表）

维度	领域	基本要求
教育科研	科研意识	1. 树立科研意识,培养科研动机和理论研究的兴趣。 2. 培养求真务实的科学态度和良好的学术道德规范。 3. 树立终身学习理念,不断更新教育观念和教育技术手段,积极探索教育教学规律。
	科研方法	1. 了解和掌握教育科研的基本理论和基本方法。 2. 了解和掌握论文撰写的基本要求。 3. 了解和掌握课题选题、申报、立项等教育科研过程。
	科研能力	1. 培养基本的教育科研能力,如捕捉问题能力、理论思维能力、创造与创新能力、实际动手能力、分析评价能力、组织协调能力。 2. 制定专业发展规划,参加教育科研培训,提高自身教育科研素养。

第三节　青年班主任培养工程

　　班主任工作对学生的未来有深远的影响,这一点是毋庸置疑的。随着我校一批老教师的退休,许多新教师和年轻教师被推上了班主任的岗位。然而,仅有大学或研究生学历是远远不够的。除了必备的学科、教育学和心理学知识,还需要丰富的实践经验。近年来,随着班主任工作的复杂性不断增加,学校越来越注重新班主任的培养,推出了班主任培养工程。

　　通过进行思想道德学习,打好班主任的基本功;通过讲述教育案例故事,磨砺班主任的成色;通过落实师徒结对学习,帮助班主任进入角色;通过构建实践共同体,探索群体成长的特色。这些方法的运用使学校逐渐形成了一套传统的班主任培养方式。每学年初,学校会在全校范围内举行"以老带新,拜师结对"的青年班主任培养工程启动仪式。带教对象是班主任工作未满3年的35岁以下现任班主任。

青年班主任培养工程有一个三年周期,主要包括第一阶段一年的见习期,第二阶段一年的入轨期和第三阶段一年的提高期。

青年班主任培养工程主要开展的活动包括:师徒结对活动、班主任微讲座、"今天我怎样做班主任"系列活动等。比如,"今天我怎样做班主任"之学习会,邀请经验丰富的班主任老师向青年班主任老师介绍他们做班主任的心得体会;"今天我怎样做班主任"之基本功比赛,有温馨教室创建故事演讲,参赛老师结合班主任工作方面的点点滴滴,讲述着一个个具有班级特色的鲜活故事;"今天我怎样做班主任"之上班会课、听班会课活动,青年班主任通过认真备课,积极寻找素材,为主题教育课做了充分的准备工作。每次活动,青年班主任老师认真听课,做好相应的笔记,为自己将来的班主任生涯打好基础。

根据青年班主任培训项目的教学活动记录和平时检查,学校政教处按学年对导师和带教对象进行考核。根据考核结果,对按要求完成教学任务、成绩突出者给予适当奖励,并且每学年都会颁发最佳导师奖和最佳授课教师奖。通过加强对青年班主任的培训,提高了青年班主任的育德能力,促进了班主任的专业发展。

附:青年班主任教育案例

爱人者,人恒爱之;敬人者,人恒敬之

姚英洁

【案例背景】

在每一个班集体中,都有着一些"领军"人物,带领着班级同学们锐意进取;也有一些"懒散"的同学,总是慢着性子跟着老师、同学的节拍;当然还有一些"小透明",默默地耕耘收获。在这样的班级里,每天都有欢声笑语的故事发生,老师们也似乎总是更容易"记住"前两类孩子,而不知觉中对那些默默无闻的孩子少了些关注。这些孩子文静懂事,从不给老师和同学添麻烦,但他们的内心一定也十分渴望得到师长的关心与爱意。因此,作为班主任,我们则更应该将自己的目光多投放到他们身上,知道他们欠缺什么、需要什么,让他们走进校园就能感受到爱与安全感。只有让学生感受到爱与被爱,他们才能建设一个团结友爱的班集体,在这短短的高中时光里不负韶华。

张同学就是这样一个"小透明"的存在。作为一名男生,他谦逊有礼、不善与人交谈,但行为习惯良好,与同学们友好相处。他的母亲是一名小学老师,对他的要求很高,所以他的自主学习能力较强,理科成绩优异,无须老师操心。就是这样一个安安静静的男孩,在高二学农活动中,情绪上突然失控,出现了暴躁、哭泣、与同学产生矛盾的情况,这是怎么一回事?

【案例描述】

场景一:

高二分班,新学期伊始便迎来了学农活动。我作为班主任,在本次活动中负责带队至廊下青少年学农基地,与学生共度为期五天的学农活动。学农的生活轻松有趣,使平常忙于学业的同学们放松不少,每天都充满了欢声笑语。

在活动接近尾声时,张同学带着哭腔与我说想要回家,让我感到些许惊讶。在学农活动前,他和我表示他想利用这几天在家好好复习数学,不参加这次活动,但最后他仍然参加了。在我几经追问下,张同学开始失声痛哭,甚至直接跪倒在地上,让我感到非常震惊。"一个一米八的男孩怎地如此脆弱,到底发生了什么事?"原来,张同学与班中的徐同学发生了矛盾,认为徐同学打了他。于是,我马上去找徐同学了解情况。徐同学说,只是不小心踢了张同学一脚,没觉轻重,导致了误会的产生。

了解事情经过后,我考虑到两个男孩平常的关系较友好,于是我打算让他们面谈说清楚。经过沟通后,张同学的情绪有所缓解,两人也摒弃前嫌,重归于好。活动结束时,我也嘱咐一名男生帮忙多关心张同学,多与他说说话,让他感受到同学的关爱。

场景二:

转眼到了吃饭时间,我在食堂碰到了张同学,他见我后的第一句话是:"我要回家。"我再次感到诧异,难道下午的误会还是没有解决吗?他解释说,他被另一位顾同学嘲笑,便忍不住动了手。现在的他就像一个火药桶一般,随时随地会爆炸,而自己又不愿影响他人,于是想回家冷静冷静。

听了他的话,我感到他现在的情绪不太稳定,于是我提出和他一起出去走走,他也马上答应了。在学农基地的田野间行走时,他边走边用力踢着小石子来发泄他的烦躁情绪,渐渐与我说出了他的想法。原来近期的数学考试他总是发挥得不如意,而自己的情绪这么糟糕,班级里也没有同学真正关心过他。在劝说无果和他的强烈要求下,我向学校进行报备,并与他的母亲取得联系后同意让家长接他回去。得知可以回家后,他的心情似乎平复了许多,拿了两个凳子,一个给我,自己则坐在我右前方一米处。开始,我俩都不说话。过了一会儿,我把凳子搬到他旁边,尝试着与他聊聊天。慢慢地,他开始打开话匣子,谈起了自己平常喜欢看的书和电影、自己的一些人生看法等等,并让我陪他去整理行李。我也从中渐渐感受到了张同学对我的信任。

【案例反思】

一、问题分析

根据张同学与我的接触和在其他任课老师那儿了解的情况,我觉得张同学出现情绪上的问题原因如下:

1. 家庭期望值高

张同学的母亲是一位老师,对他从小要求比较高。严格而又强势的母亲对张同学而言就像一把巨大的保护伞,给了他很强大的安全感。而当他一个人独立在外时,自身的脆弱就很容易暴露出来。同时,他又很希望得到母亲的认可,所以在近几次数学考试上的失意也让他觉得对不起母亲。

2. 聊得来的朋友太少

张同学在高二分班前与班中一个男生关系较近,能谈心说话。但在选科分班后,两人就不在一个班级里了,平常碰面说话机会自然就减少。这直接导致张同学在情感上找不到宣泄口,把事情憋在心里,而当诸多不顺心的事累积在一起后,就容易出现情绪上的问题。

3. 自身成绩下滑

在本次学农活动开始前,张同学就有不参加的想法,原因是他想利用学农五天时间好好提高自己的数学成绩。原来,张同学之前的数学成绩一直是数一数二的,但在选科分班后却连及格都成了问题,这样巨大的落差使他非常焦虑,根本无法静下心来好好地学习,这种焦虑情绪是导致其情绪失控的一个背景问题。

二、解决方案

从张同学的行为中可以看出,他其实是缺乏安全感、缺乏关爱的。从张同学的案例中,我发现学生是需要感受爱的,他只有生活在爱的环境中,才能自然而然地去爱他人。

1. 爱人者,人恒爱之

家长对孩子的爱不是简单的保护,也不是严格的要求,关键是让孩子感受到家人的爱、感受到家庭的温暖。

可能是出于职业的缘故,张同学的母亲对他的期望比较高,相应的要求也比较严格,但是忽视了对孩子温暖的关爱,导致了张同学缺乏安全感。因此,我和张同学的母亲及时进行了沟通,简单分析了张同学的情况,让他的母亲不要太注重分数,多鼓励,少责备。家长只有相信孩子,孩子也才能更加相信家长,更加自信;孩子只有感受到家人的关爱,感受到家庭的力量,才会从心底油生一份责任感,学会爱他人。

2. 敬人者,人恒敬之

在班级中,老师对于孩子们来说就是一位大家长,老师要学会尊敬学生,要将班集体建设成一个家一样,让学生树立集体意识,达到敬人、爱人、育人的效果。

到了新班级,学生对新环境的适应力参差不齐,张同学对新的同学并不是非常熟悉,甚至有点排斥。因此,班主任要加强班集体建设,增加班级同学之间的交流,特别是像张同学那样默默无闻的同学,更应该多创造机会让他们在同学们面前展示自己,比如让他们进行班级绿植护理、每日班级课表抄写、班级黑板报绘制等等,让同学们看到他们的存在,让他们也能感受到老师和同学的关注。

在主题班会、外出实践等集体活动中,要多观察学生,及时发现学生存在的问题,找出解决方法,及时关爱学生,让学生感受到老师的呵护。同时,通过这些活动,提高班级的凝聚力,增加学生之间的交流互动,让每个学生在班级中都感受到温暖,找到归属感,那么学生也能学会去关爱其他同学。经过多次的班集体活动,在苏州社会实践考察中,我发现张同学已与班级中的其他同学之间多了不少互动,在这个新班级中慢慢融合得越来越深入。

3. 学生在爱的集体中,也学会去爱他人

在新班级中随着时间的推移,张同学与其他同学逐渐熟络,总会看见他与几个男生一起约着踢球,一起去食堂。同时,在学习上也会互相交流,张同学有任何问题会第一时间找他的好友询问,并倾囊相授自己的擅长之处。如此良性循环,张同学的数学成绩也重新步入了正轨。

由此可见,一个温馨的班集体是何等重要。让这些"小透明"们主动去发挥自己的光与热,其实更能让同学们感受到班级的热情与温馨。班集体是学生的第二个家,在这个家中,只有学生之间相亲相爱,拥有强烈的集体意识、奉献精神,才会让每一位学生知道去爱他人。

人是群居动物,大家在人群中寻找丝丝爱意,寻找点点温暖之光。那丝丝点点虽然细小,但是力量却宛如银河般浩瀚,时刻使人铆足劲儿,奋发前行。

【小结】

到了高二后,学生的身心都经历了较大的成长,但仍离不开老师的正确指导。教书育人,身正为范,教师不但自身要爱学生,关注到每一个学生,更重要的是教会每一个学生如何去爱他人。学生感受到了关爱,他也会将这份爱无私地播撒出去,那么所有的问题都将会迎刃而解。

有人将老师比作茫茫大海上的灯塔,指引着学生前进的方向。但是每个学生都如一棵棵花苗,鲜活而又不同,需要老师根据每个学生的具体情况去指引,用爱去浇灌,让学生茁壮成长。学生沐浴在爱下,必定会用爱去滋润他人。

第四节　在线教学的"变"和"不变"

在线教学已然成为教师的必备技能。在线教学开展过程中,教师边实践边思考,梳理出一些在线教学的共性问题,学校也编制出台了《上海市张堰中学线上教学规范》,保障在线教学质量。

线上教学和线下教学的本质是一致的,落实知识点,培养品格和能力,形成正确的价值观。和线下教学比起来,教师对学生的组织管理和学习反馈就显得比较困难,而提高课堂互动是解决这个问题的有效办法。

在实践中,教师总结出在线教学的课不光要备知识点,还要备互动点。精心备课是在线教学有效实施的前提,教师在备学科知识点、素养点的同时,还要注重备提问、备活动、备课堂反馈等互动点。什么时候老师露个脸,什么时候学生连个麦,什么时候穿插一点有趣的内容,什么时候共享学生的课堂成果,等等,这些线下课堂很平常的互动,在线上都要预先考虑和设计,从而实现在线课堂教学从单声道转为双频共振。另外,考虑到在线教学期间,学生会经常性地参与核酸和抗原检测,或者自动离线一会儿,老师对教学活动环节进行了重新调整,将大章节、大活动切割为小模块,使学生不会因错过一时而耽误了整节课的学习。

通过观课发现,任课老师的课前十分钟不是用来休息的,而是用来"捉"学生的。线上教学如何能准时把学生吸引到屏幕前来?老师在课前十分钟上动脑筋,巧妙地设计各种活动,进行课堂预热。比如,语文学科播放学生的小说朗读音频,为学生建立表达展示的平台;英语学科播放英语歌曲,缓解学习疲劳;物理、生物等学科播放趣味小实验视频,营造学习氛围;地理、历史等学科播放一些纪录片,激发学习兴趣。

老师最熟悉自己的学生,什么样的问题问什么样的学生老师心中有数。有效的问题链是激发课堂活性的重要方法,老师不光要重视问题链的设计,还要把握提问的火候。对学习薄弱生准备一定量的知识性、简单分析类的问题,提升学习自信;对学习能力较强的学生准备思维性较强、具有一定挑战性的表达类问题,持续激发学习热情。一节课上,能够让不同学习水平的学生都有存在感并被牢牢吸引在屏幕前,从这个角度来说,线上教学对教学内容的充分整合和问题链设计显得很有意义和必要。

通过几年的培训和历练,信息技术的十八般武艺老师样样会。学校使用的在线教学平台是腾讯会议,利用腾讯会议中的"小鹅云课",可以实现抢答、投票、计时、奖励等有趣的功能,还可以用连麦、视频、互动批注等方法与学生进行实时互动。为了讲解过程,老师自主添置了电容笔、手写板等硬件设备,运用希沃、PPT、Word等软件的手写功能,实现了屏幕的板演,增强了学生的真实课堂体验感。在此期间,学校开设了"在线教学教师驿站",帮助老师分享技术手段,提升信息素养,这些信息技术的加持有力地提高了学生的课堂参与度。

在线教学对老师的课堂把控和课后延伸提出了更高要求,有时设计课堂留白也是在线教学的艺术。课堂留白也能吸引学生,老师通过设置"留白板",延伸教学触角。一节课的结束也是下一节课的开始,老师运用"留白板",设计问题或小活动,进一步激发学生的思考,不仅总结本节课的学习内容,也为下一节课的学习进行思维预热,一举两得。同时,很多老师将上课的全过程录制下来,对录制的视频进行分环节切片,分成若干微课视频,上传到云平台,作为学生课后复习的资料。老师还充分利用"空中课堂"等优质资源,将教学视频切片,把实验、小视频、讲解等做成视频胶囊推送给学生。这些云视频对学生课后复习起到了较大的帮助作用。

在课外,班主任和任课老师的辅导以个性化落实全覆盖。线上教学的"虚拟性"引发了传统师生关系的消解和重构,老师努力克服"隔空"教育困难,构建"线上教学+线上育人"的立体教育场,实现"隔空不隔爱"的目的,让居家学习生活一样有温度。线上教学使学习困难的学生更加感到迷茫和无助,而学有余力的学生又感觉到课堂上吃不饱。针对这样的现象,老师牺牲休息时间,实施个性化辅导,在双休日开设了爱心班,帮助头部学生扬长,辅导学困生补短,同时还推荐学生积极参加"金智云课堂"等,分类施策、因材施教,努力解决两类学生的现实需求,成了同学们在线学习的"平衡器",减少线上教学的两极分化。

在全员导师制运行下,老师抓住碎片化时间开展个别化关爱,通过微信、QQ、腾讯会议等平台和学生、家长保持联系,做好学生的信念、学习、生活、情绪等全方位的引导,让居家学习的每位学生都能感受到学校的温暖,感受到老师就在他们身边。对于一些特殊学生,包括心理偏差学生、特殊家庭学生,以及因疫情被隔离的学生等,班主任和任课老师则特殊对待,做到"特别的爱给特别的你"。

在线作业也是一项挑战,我们的作业管理以多样性实现适切性。作业过程更多的是没有老师指导的学生自主学习的过程。老师通过设计多样化的作业,指向对学生的价值观、学习兴趣、认知能力、自主学习能力等素养的培育。

一是做到基础作业减量提质。考虑到线上教学作业收交和批改的特殊性,老师在选题和编题上下功夫,有针对性地调控难度和减少题量,使基础性作业能照顾全体学生的共性要求,减轻作业负担,让学生在适合自己的作业中获得知识和能力的巩固。

二是设计自选作业,留给不同的学生。在线学习期间,我们很多学科为学生准备了不同的作业类型。譬如,数学学科以单元教学内容为抓手,要求学生用思维导图来整理单元知识与重要方法,学生在不断完善思维导图的过程中,逐步构建完整的知识架构,增强了学科的核心素养;生物学科设计了云科普作业,布置学生观看

《神奇 DNA 探秘》视频,走进奇妙的生物世界;地理学科在清明节期间设计了云踏青作业,观看航拍中国,足不出户云游中国美景,等等。这些创新的作业类型,丰富了学生的学习内容,为学生提供了促进素养提升的结构化作业组合。

三是设计实践作业,引导学生关注社会、关注身边的人和事,增强学生的责任感和使命感。比如,政治学科结合《基层群众自治制度》的内容,布置学生通过观察居委会在疫情防控中所承担的大量工作,对居委会的作用有一个初步了解,并做成小报交流,将生动的社会实践与课堂教学内容相结合,让学生更深切感受到我国的民主治理制度,让家国情怀与社会责任丝丝缕缕沁入学生心田;语文学科用疫情作为突破口,以"给疫情中志愿者的一封信"为作业,指导学生观察身边美好的人和事,引导学生正确对待社会突发事件,加强对学生的理想信念教育。

通过线上教学的实践我们发现,线上教学不是简单地把线下教学照搬到线上,这是老师一个再学习、再设计的过程。"变"的是手段方法,"不变"的是教育情怀。鲁迅先生文中的一段对话,颇有启发:"这怕难罢,譬如使惯了刀的,这回要他耍棍,怎么能行呢?""只要学起来!"因为这是老师的使命所在。

附:在线教学案例

"时空课堂"之录
——上海市张堰中学"线上课堂"案例分享系列

突如其来的疫情让原本的课堂教学按下了暂停键。为了促进教师快速完成线下到线上的教学转型,创新线上课堂教学方式,培养学生具备终身学习的能力,张堰中学各教研组根据我校学生特点,借助信息教学资源,积极探索线上教学多元化模式,将"设计"纳入课程本身,形成教中学、学中教的新形态。为总结推广我校线上教学的典型经验与做法,特推出"时空课堂"之录——张堰中学"线上课堂"案例分享系列,以期达到经验互取、智慧共享,从而使我校线上教学逐步从"稳"趋"精"。

"成为清醒的现实观察者"单元教学设计案例

常雪雁

【教学设计的前端思考】

在语文学习中,听说读写演辩是学科的动态核心素养。那么,如何理解听说读写演辩? 辩就是要表达不同的意见,在听说读写演的过程中,辩是核心,也是学生个性特征的标志。如果要实现学习者听说读写演辩个性发展的需要,O2O云联是实现个性化教学发展的一个便捷路径。

O2O 即 Online To Offline(线上到线下),是一种介入思考,是模拟商务活动而来的教育模式,是保障听说读写演辩个性化服务的技术支撑平台。

个性化教育是未来教育的发展方向,而要实现个性化教育,除了移动平台的支撑,教学设计是私人订制精准教学的关键。那么,个性化精准教学如何设计呢?

美国流行一时的"道尔顿制"授课方式,是自学的一种教学组织形式,教师指定自学的内容,学生独立完成,然后教师进行个别辅导与教授结合。这种方式正好契合我们教育教学的特殊时期,对学生个性发展要求及独立学习精神的培养。

所以,针对教育实际情况,突破教育困境,实现听、说、读、写、演、辩的个性化设计,即重新定义课堂和学习。那么建立 O2O 的线上线下云联平台,就是实现每一个学生能够进行个性化教学的关键路径。

【案例描述】

《祝福》《林教头风雪山神庙》《装在套子里的人》《促织》《变形记》是必修下册第六单元课文,属于文学阅读与写作任务群。从表达效果来看,这一组小说有多变的叙事视角和想象夸张、荒诞离奇的文学虚构。从单元组合的内容来看,人物、情节和环境的内容相互关联,《祝福》中的祥林嫂、《林教头风雪山神庙》中的林冲、《装在套子里的人》中的别里科夫、《促织》中的成名、《变形记》中的格里高尔,他们的生存困境都与社会环境密切相关,有社会礼教因素、有朝廷昏暗因素、有社会专制统治因素、有现代社会压力因素等,社会环境对人的命运起着主宰的作用。然而,我们作为阅读者应该确立怎样的阅读视角,帮助我们认识人生命运与社会环境的关系,这是我们文学阅读与写作任务群要探究的核心任务。所以从阅读者出发,确定其单元内容主题为"成为清醒的现实观察者",以听说读写演辩的方式构建学习形态。

由此,我们单元教学设计围绕主题"成为清醒的现实观察者",立足表达方式、内容组合的贯通性和阅读者学习的视角,形成三维一体结构格局的任务群。

一、预学评估与教学预案设计

(一)从学情角度,高一学生对《祝福》《林教头风雪山神庙》《装在套子里的人》《促织》《变形记》等文学作品的阅读学习困难不大,困难是作品背后所蕴含的生存问题与社会环境的关系,以及给我们带来的新的思考与反思。高一学生学习探究人类生存问题,有着极其重要的人生领悟意义。

(二)从教学目标设计角度考虑三点:一是语文学科核心素养的积淀。通过听说读写演辩的形式,推动发展学习者个性化学习,推进对以祥林嫂、林冲、别里科夫、成名和格里高尔为代表的不同国度、不同社会背景下的人物命运的深入探究;二是凸显"深度学习"的样态。学习由"识别—知道—理解—应用"向"分析—评价—创新"的深入学习发展;三是语文学科素养的实践。联系现实生活情境,思考生存状态与社会环境的关系,落实在社会中的公民应该有的认识、反思、承担建设改造社会的责任,体现学科育人的价值。

(三)教学设计预案一:以微课的形式,分别播放《祝福》《林教头风雪山神庙》《装在套子里的人》《促织》《变形记》20分钟的讲授课程,学生观看,然后根据构建的文学阅读与写作任务群的基础学习任务群完成以下任务:

任务1:跟着鲁迅先生学习如何用人物细节刻画认识社会问题对人生的影响。

任务2:跟着施耐庵先生学习如何用典型事件认识生存的险恶对人性的扭曲。

任务3:跟着契诃夫先生学习如何用象征的手法表现人性的"奴性弱点"。

任务4:跟着蒲松龄先生学习如何用想象、夸张的手法表现人性的异化。

任务5:跟着卡夫卡先生学习如何用荒诞的手法表现人性的异化。

网上讨论并留言反馈。

(四)教学设计预案二:以腾讯会议直播形式、课下云小组研讨和自主学习探究的方式,构建O2O的线上线下三轨教学云联机制。布置云联任务:云联小组角色配音演绎任务、云联小组弹幕评价任务、直播学生探究的学习成果。

1. 云联小组组建。基本单位是2个人组成,然后根据文本角色需要动态组合。

2. 小组活动模式。小组成果展示方式是以配音式的"角色演绎"形式,理解文本内容和作者的写作意图。以鲁迅先生的《祝福》为例,学习小组联合活动,以角色配音的形式,演绎文本。要求如下:

(1) 选择演绎片段,要明确情节主题,角色扮演者要体现出人物情绪变化。

(2) 小组人员分配:主题陈述者＋旁白角色＋祥林嫂角色＋"我"当事人＋鲁四老爷＋鲁四婶＋柳妈。

(3) 评价小组成员,对配音演绎小组点评。

二、O2O云联学习任务群构建

构建的文学阅读与写作任务群的基础学习任务群主要完成以下任务:

1. 教学环节一:"听"与"读"。自主阅读或通过影视资料完成《祝福》《林教头风雪山神庙》《装在套子里的人》《促织》《变形记》文本阅读并思考问题。

任务1:祥林嫂是如何从顽强走向崩溃的呢?

任务2:林冲经历了怎样的心理过程?

任务3:别里科夫为什么要把自己装在套子里?

任务4:成名经历了怎样的遭遇?

任务5:格里高尔变成甲虫后经历了怎样的心理感受?

2. 教学环节二:"说"与"演"。云联小组活动,根据小说语境以配音的形式演绎角色。

任务1:跟着鲁迅先生学习如何用人物细节刻画认识社会问题对人生的影响。

任务2:跟着施耐庵先生学习如何用典型事件认识生存的险恶对人性的扭曲。

任务3:跟着契诃夫先生学习如何用象征的手法表现人性的"奴性弱点"。

任务4:跟着蒲松龄先生学习如何用想象、夸张的手法表现人性的异化。

任务5:跟着卡夫卡先生学习如何用荒诞的手法表现人性的异化。

3. 教学环节三:"说"与"辨"。发展学习任务群——探究任务,以弹幕形式参与课堂讨论。

任务1:乡土社会的背景条件是如何影响祥林嫂的命运的?

任务2:探究《林教头风雪山神庙》发生的社会根源。

任务3:《装在套子里的人》中的主人公别里科夫的结局是死了,请多角度探究其死因。

任务4:如何看待蒲松龄小说《促织》表现了"人性异化"的社会现状。

任务5:探究卡夫卡《变形记》中主人公格里高尔现象的社会根源。

发展学习任务群是立足学生思维推进的,以思辨探究学习为主,这是教学设计的核心内容。每一部文学作品所展现的都是时代的典型,但是每个文学典型的背后都有其存在的社会根源与差异性,我们就是要在对比关联中看出变化,看到自己时代的影子,使我们重新理解生命经历的意义。

4. 教学环节四:"辨"与"写"。体验性任务群——转变学习视角,以每个学习者即"学生"作为社会观察者的身份,认识作者反映的社会生存问题,在线讨论,然后形成自我的见解。

任务1:乡土社会背景如何影响祥林嫂的命运?

任务2:从马斯诺的"生存理论"理解林冲的生存困境。

任务3:现实生活中是否还存在"别里科夫"式的受害者与加害者们?

任务4:立足现实生活,认识小说《促织》人物命运的逆转是否符合人的认知局限和生存法则。

5. 教学环节五:学生成果展示。第六单元"成为清醒的现实观察者"世界文学形象名人连环图册作品。

三、教学环节说明

如何在云联状况下实施我们的教学具体任务呢?

首先,通过"O2O云联"建立线上线下的学习任务群,构建自主学习与学习辅导相结合的教学模式。其次,根据学习者的听说读写演辩能力的基础评估状况,推进"私人定制"式教学,进行针对性辅导,再以云小组学习的形式,建立分享机制,强化合作探究发展意识,促成学习共同体共同发展的态势。另外,让学习者的学习走向社会实践应用,在社会活动中解决实际问题,检验听说读写演辩的应对能力。

【案例分析】

思考一：评估学情是一切教学活动的基础，学情决定着教学的选择与策略。我们知道所有的教学活动应该围绕着学情状况而确定，是为了学而教，而不是为了教而学。"个性化教学"的要求是以学习者为中心，根据学习者的学习能力和学习动机，提供量身定制的教学。因此，需要准确评估学习者的学习情况，形成每个班级特有的学习方式；同时捕捉数据，形成有效的教学信息。只有在有效信息的基础上，才能实施个性化教学。

个性化教学的实施需要建立系统化管理平台，其中"O2O 云联"平台的建立，为针对性教学提供了保障。通过线上线下混合式教学平台"O2O 云联"，为每个学生建立学业评估档案，为每个学生进行高中语文日常学习指标评估，然后提出未来学习建议。其实这种为每个学生"私人订制"式的教学，是根据"O2O 云联"的学习者个体数据曲线图的情况，教学者进行有针对性地干预的教学方式，最后为每个学习者做出教学判断，并制订发展改进计划。听说读写演辩能力分为 A级、B 级和 C 级，分层分段逐步提高。通过"O2O 云联"的"私人定制化学习"数据追踪，监控学习者的学习过程，再根据具体情况提出补救措施。

思考二：我们要培养什么样的人？我们的未来需要什么样的公民？教学为什么而教？明确教学目的是教学活动发生的根本。

在教育发展的路上，在不同的社会发展时期，我们的教育目的也有所不同。回想起来，曾经为高考而教，培养合格的毕业生；也曾经为生活技能而教，培养合格的公民；而今为素养而教，培养适应未来发展的人成了我们现在的教育目标，这是时代发展的必然。如果我们没有顺时而动，顺势而为，我们的人才培养如何适应未来社会发展的需要？未来的竞争就是人才的竞争，我们教育人的使命将与未来发展同在。

语文学科的核心素养基础包括语言的建构与运用、思维的发展与提升、审美与创造、文化的传承与理解。如果从语文学科的核心素养来思考我们的具体教学，学科落脚点应该是帮助学习者学习如何学会表达自我的情感，如何建立自我的意见，如何学会演讲，如何学会表演；立足学习者自身发展需要思考，借助语文的听说读写演辩，如何修养自身，如何与人相处，如何解决生活中的问题，如何为人生做出决定；从社会公民的发展需要思考，我们应该以什么样的合乎道德的方式回应世界,我们应该以什么样的姿态参与社会工作。思考落地,学习才能落地。这是语文学习技能生活化的实践过程。

思考三:教学方式方法只是教学的手段,在走向智能化的进程中,我们的教育环境发生了巨大的改变,很多学习可以通过一键输入就可以完成,借助智能设备学习成为无缝对接状态。原有的知识传授完全可以借助智能设备进行,面对新技术革命下的学习变革,我们教育人的专业学习应该是终身状态。学会与时俱进地改变与完善,应该是一生的修行。

在知识爆炸的时代,学习者需要有筛选的能力;在信息最纷杂的时代,学习者需要有辨别是非真假的能力;在价值观多元的时代,学习者需要有顺应社会道义的大局观念;在创新发展的时代,学习者需要培养创新思维能力;在智能化的时代,学习者需要有终身学习的习惯;在全球化经济背景下,学习者需要有独立思考、独立判断的能力……这些能力的培养是我们教育工作者的任务。

第四章　课堂的持续优化
——教学范式的迭代发展

第一节　课堂教学的规范变革

学校立足育人为本的根本任务,坚持"深化课程改革,让师生关系更加和谐,丰富学习体验,让教育服务更加优质",这是金山教育的总要求。根据这个要求,我校聚焦教学环节,优化教学行为,深化开展课堂教学规范化、精品化、特色化建设,形成课堂教学行为改进的长效机制,使课堂教学效益迈上新的台阶。

在课堂教学改革的早期阶段,教学重点主要放在单节课的设计和教学过程的规范化上。教学内容主要以教材为主,以知识传授为主要目的,老师通常采用讲授为主的教学方法,学生则以听讲为主要学习方式。在这个阶段,教师通常注重单节课的教学结构,包括开场、导入、讲授、练习、总结、作业等环节,以确保教学的有序进行。同时,老师还会根据课程目标和教学内容的特点来制订教学计划,以确保教学进度和教学质量。

20世纪70年代以前,是以知识传授为主的阶段。在这个阶段,课堂教学主要关注老师向学生传授知识。老师在讲授课程时,通常采用传统的讲授方式,学生则被视为被动的接受者。教学目标主要是让学生掌握特定的知识点,而不是培养他们的创造力和批判性思维。

20世纪70年代至90年代,是以教学方法和教育学为导向的阶段。在这个阶段,课堂教学开始重视教学方法和教育学原理。老师开始使用新的教学方法,例如小组讨论、课堂演示和实验研究,以促进学生的参与和互动。教学目标也开始从单纯的知识传授转向了学生的发展和全面的素养培育。

21世纪初开始至今,是以学科素养为核心的阶段。随着教育改革的不断深入,人们开始意识到单节课的教学结构和教学过程的规范化并不能完全满足学生的需求,也无法达到培养学生综合素质的目标。因此,课堂教学的重点逐渐从单节课的教学转向了单元教学和学科素养的培育。单元教学是指将若干个单节课有机地组织起来,形成一个完整的教学体系,以达到更高层次的教学目标。在单元教学中,教师需要更加注重课程整体的设计和教学过程的衔接,以确保学生能够形成系统、完整的知识结构。学科素养的培育是指在课堂教学中注重培养学生的综合素质,包括知识、能力、情感、态度等方面。在这个阶段,教学内容不仅仅是教材中的知识点,而是需要将知识点与学生的实际生活和社会实践相结合,培养学生的批判性思维和创新能力,提高学生的综合素质和实际应用能力。在这个阶段,课堂教学开始注重培养学生的学科素养,例如科学思维、创新能力、合作精神和批判性思维。老师开始采用多种多样的教学方法,例如课堂探究、项目制学习和实践教学,以帮助学生全面提高素养。教学目标也开始更加注重培养学生的核心素养和终身学习能力。

课堂教学经历了多轮改革,从关注知识传授到注重教学方法和教育学原理,再到以学科素养为核心。学校的课堂教学也随着社会和教育环境的不断变化,在不断改进和创新,以更好地满足学生和社会的需求。

课堂教学改革的主要目标是建立课堂教学规范的长效机制。我校研究制定基于高考新政策的备课、听课、作业、辅导、测试的观察维度、指标工具和实施要求,形成课堂教学行为改进的长效机制,推进课堂精品项目和课例研究。基于理论和项目,我校开展专题教学研究,聚焦"学科核心素养""单元教学""课堂教学微环节""深度思维""人文素养""创新素养"等主题,优化教与学的方式方法,提高课程的整体教育效果。我校推进课堂教学特色显现,研究学校课程积淀,开发特色校本课程,为学生提供多元的学习选择。我校尊重教师的个性特点,提供个人化发展平台,打造不同特长的师资队伍,并且充分利用信息技术和教学分析系统,开展课堂教学观察、诊断和研究,助力打造特色课程和特色教师。

　　首先,进行课堂教学规范化改革,扎实推进教学五环节。在备课方面,重视集体备课环节,发挥"集体备课—自主上课—共同反思—跟进指导"的校本教研特色;在上课方面,老师必须避免无序失控的课堂教学和课堂管理,针对学生实际情况适时改变教学策略,严格按照教学进度,课后及时总结与反思;在作业方面,老师必须做到严格控制作业量,作业布置要分层,及时批改作业,及时反馈和纠正;在辅导方面,要求辅导要及时,共性问题集中辅导,个性问题个别辅导,也可以是针对特殊学生进行特殊辅导;在测试方面,备课组要统一进度,做好课堂练习、阶段测试、期中和期末考试的命题工作,做好每次试后质量分析,抓实教学质量监控。学校加强日常教学工作督查力度,重点把控老师的备课、上课、作业、培训,对问题进行跟踪检查,力求整改不留遗憾;建立健全教学常规检查评价制度,组织教学常规随机抽查:教案撰写、作业批改、随堂听课、学生座谈等,让老师养成教学"四清"(堂清、日清、周清、月清)的习惯,做到质量监控无死角。

　　其次,进行课堂教学精品化改革,推进"优质课例"研究。以"深度教学"为重点,切实加强课堂教学"有效三角"理论的课例研究(课堂目标——五个一点;实施原则——三减三加;具体要求——教学十一条要求)。要求每位老师在一学年中完成一次公开教学的任务,在教研活动中升华课堂教学水平。开展专题教学研究,落实"三把握"(把握课前、把握课中、把握课后)专题研讨课;落实"二个关注"(关注学生、关注学法)专题研讨课;落实"学科核心素养"专题研讨课,等等。通过集体备课、磨课、听课、评课、同课异构等方法,形成一系列由备课组全体成员参与的、团队协作完成的、具有典型学科特征的、符合我校学生实际学情的精品课例。

　　最后,进行课堂教学增值研究。课堂增值的主要举措就是以单元为主体,架构"五环四案"。我们在以教师主导的备课、上课、作业、辅导、评价"五环"基础上,从学生作为学习主体的立场出发,制定课前自研案、课中导学案、课后导习案和单元自修案。"五环"更多是从教师教的角度提出的规则,"四案"是侧重学生学的立场提出的要求,突出了课堂教师主导、学生主体的双重作用,形成具有本校特色的"五环四案"课堂增值计划。"五环四案"的设计体现环环相扣、层层递进;注意运用单元统领性的真实情境问题,让单元设计与实施有更强的整体感;同时加强题目的真实性、情境性,实现课堂转型和育人方式的转变,提高教学成效。

第二节 教学环节的切片研究

课堂教学微环节行动研究的核心是:将每节课 40 分钟以 5 分钟作为一个时间单元,"1"就是指教师利用课堂前 5 分钟的时间让学生交流展示上一节课所学的内容,"5"是指教师利用 25 分钟的时间对新授课内容进行精讲,"2"是指利用 10 分钟时间对本节课的重点、难点进行交流展示。课堂教学规范操作程序为"三段三步"法。"三段"指课前、课中、课后;"三步"指课中的读书学习与自主展示→教师讲解与完成学案→师生交流与讨论释疑。课前,主要指教师的备课,以设疑激趣为先导,揭示规律为重点,精讲精练为策略,学生主动参与为途径,培养以思维为核心的学案设计和课后作业设计;课中,主要是在教师引导下的学生的学习,主要分三步:读书学习与自主展示→教师讲解与完成学案→师生交流与讨论释疑;课后,教师详细批阅课后作业,小组长负责组内评价,整理共性问题上交学科教师,教师针对各组的作业进行整体评价并给予反馈。

按照课堂教学"有效三角"(课堂目标、实施原则、具体要求),聚焦"152"课堂教学。课堂目标注重"五个一点",实施原则注重"三减三加",具体要求注重"十一条要求"。同时提出教学补救措施,课外辅导"五个一"和教学"四清"。教师在课堂教学中要做到"三减三加",在实施"152"课堂教学时,注重激发学生的学习动机、兴趣和追求意向,加强师生间的情感交流,注重运用递进原则、活动原则和反馈原则,促进学生的认知发展。递进原则是指来自外界的知识和经验可以相应地转化为学生的认知结构、情绪状态和行为结构。教师根据不同对象的发展水平,逐步提高所呈现的知识和经验的结构化程度,组织好由简单到复杂的有序积累过程,提高知识转化效率。活动原则是指学生的外在行为结构和内在心理结构之间存在着直接的相互作用的关系。教师精心组织各种行为活动和认知活动并合理组合,让学生充分发挥自主性,促进学生行为结构和心理结构相互转化的过程。反馈原则是指学生的心理和行为需要依靠反馈出来的效果调整预期的目标和发展,教师及时并且有针对性地调整教学,在此过程中让学生参与到自我评价中来,师生共同促使教学目标的有效达成。

教师以学科教学为依托,因材施教,主张让学习发生在每一位学生身上,坚持斟酌每一节课的教学设计,磨砺每一节课的授课方法,逐步形成了适合学生发展的"问题教学""六点教学""归因教学""纠错教学""理解教学"等精讲教学策略,造就了内涵深厚、回味无穷、前因后果、交代明确、直观形象、化难为易、知识开放、支持互动、注重规范、培养习惯、尊重个性、循循善诱、揭示真理、体验过程、过渡自然、一气呵成等的一系列优质课堂。

按照提炼的课堂教学"五个一点"中强调的"习题精一点"的要求,各学科老师针对不同学生分层设计校本作业,同时还面向全体学生。作业设计可以满足不同层次学生的要求,使每个学生都能独立有效地完成作业,乐于去完成作业,在作业中享受成功感。各学科以备课组为单位,通过优选→汇编→使用→修改→定稿→建库,完成课前、课中、课后的校本作业编制。每门学科在每一单元开始教学前进行集体备课,分析本单元的作业重点,单元教学结束后进行全面分析总结,精心研究作业中的不足与弊端,研究学生完成作业时的缺陷,分析作业设计过程中的问题,研究教师检查和批改的方式,使作业设计更趋于面向全体学生的实际,尽力富有创新之意。

附:地理学科作业设计

主题1 地球的宇宙环境(第一课时练习)

班级:_____ 姓名:_____ 学号:_____

一、单选题

北极星属于小熊星座,在北半球观测时,北极星永远在观测者的正北方。因此,在野外可以利用北极星的这一特点,帮助迷路的人判断方向。据此完成第1—2题。

1. 与北极星属于同一类型天体的是( )。

A. 月球   B. 金星   C. 哈雷彗星   D. 太阳

2. 北极星属于(　　)。

A. 河外星系　　　B. 银河系　　　　C. 太阳系　　　　D. 地月系

世界最大、有着"超级天眼"之称的500米口径球面射电望远镜(FAST)位于我国贵州省。该望远镜可能搜寻到更多的奇异天体,用来观测河外星系脉冲星,探索宇宙起源和演化、星系与银河系的演化等,甚至可以搜索星际通信信号,开展对地外文明的探索。读图,完成第3—4题。

3. 与河外星系属于同一级别的天体系统为(　　)。

A. 可观测宇宙　　B. 银河系　　　C. 太阳系　　　　D. 地月系

4. 下列物体中属于天体的是(　　)。

A. 世界最大的陨石

B. 星际空间的气体和尘埃

C. 西昌基地上的人造卫星

D. 天空中的云

据国外媒体报道,科学家宣称在鲸鱼座T星(Tau Ceti)恒星系统中存在着一颗超级地球,"鲸鱼座T星e"行星作为超级地球可能具备孕育生命的条件,位于恒星的宜居地带,距地球仅12光年。虽然这些系外行星尚未进一步证实,但这项研究具有深远意义。据此完成第5—6题。

5. 根据材料可知鲸鱼座T星位于(　　)。

A. 木星系　　　B. 太阳系　　　　C. 银河系　　　　D. 河外星系

6. "鲸鱼座T星e"行星潜在具备孕育生命的条件,可能因为(　　)。

A. 就外观和所处的位置而言,该行星是一颗普通的星球

B. 该行星与恒星的距离适中,具备存在液态水的条件

C. 该行星的昼夜温差适中

D. 该行星上有适合生命物质生存的大气厚度和大气成分

NASA 的火星探测器搭载的高分辨率照相机,将拍摄到的火星的素颜照片传回。到目前,它向地球发回了大量有关火星大气的宝贵数据。据此完成第7—8题。

7. 火星在太阳系局部示意图中的位置是( )。

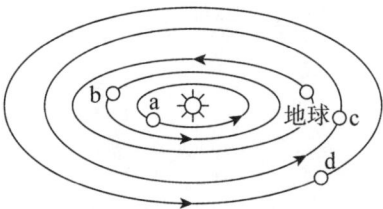

A. a B. b C. c D. d

8. 进入火星轨道的火星探测器属于( )。

① 太阳系 ② 地月系 ③ 可观测宇宙 ④ 银河系 ⑤ 河外星系

A. ①②③ B. ②③④ C. ③④⑤ D. ①③④

9. 2021 年 2 月 10 日,"天问一号"探测器进入火星轨道。这说明它已经离开( )。

A. 总星系 B. 银河系 C. 太阳系 D. 地月系

10. 电影《流浪地球》讲述了太阳即将死亡,人类联合政府决定将地球作为一个庞大的飞船驶向距离我们较近的恒星比邻星。比邻星在天体系统中属于( )。

A. 地月系 B. 太阳系 C. 银河系 D. 河外星系

二、综合题

阅读图文材料,完成下列要求。

材料一 2014 年 11 月 1 日,浙江省安吉县收到国际天文学联合会小天体命名委员会寄来的小行星命名证书,正式命名永久编号为 362177 的小行星为"安吉星",安吉由此成为中国第一个以县名而获小行星命名的县。

材料二 "安吉星"的位置。

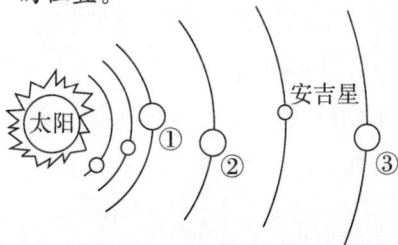

1. 图中所示中心天体是_____。

2. "安吉星"位于小行星带,与此相邻的行星是②_____ ③_____。与相邻两行星相比,"安吉星"具有_____小、_____小的特点。

3. 在图中标注行星的公转方向。"安吉星"绕日运行轨道的偏心率很小,说明八颗行星与小行星绕日公转的方向具有_____性,而且绕日公转轨道几乎在一个_____上。

第三节 优质课例的系统实践

新优质课例就是在个案、共案、个案的过程实践中完成的课例,它是教师在进一步深入理解什么是"新优质"教学的基础上,重新审视自己曾经熟悉的教学内容与方法,从培养学科核心素养的高度去推陈出新,努力大胆地重新建构新的课堂教学而形成的课例。学校对学科优质课例进行了整理,学科上,按语文、数学、英语等学科系列进行分类;内容上,按内容主旨、教学目标、教学过程、教学反思等结构化布局;质量上,选取了36篇比较有特点和个性,体现了新优质课例的内涵和特质,呈现了教学智慧的精彩课例,最终汇编为《新优质教学》一书,其中语文课例6篇、数学课例5篇、英语课例5篇、历史课例8篇、地理课例2篇、物理课例6篇、化学课例2篇、信息技术课例1篇、艺术课例1篇。

这些新优质课例在经过实践检验之后,呈现形式上也有所创新和突破,表现为:其一,根据教学目标把教学过程分解为若干教学环节;其二,对所设环节逐一阐述设计意图。由此可以看到课例执教者在干什么,以及为什么要这么干;更可贵的是课例的反思,"本课的成功"与"本课的不足"为自己也为学科同行提供了一面自警自纠的明镜。这样的课例真正起到了"例"的作用,让人读之深受启发。

文科的课堂容易流于细碎,在《新优质教学》中入选的课例则在教学设计和教学环节贯穿上实现了板块明晰,同时学科特色也很突出,以此来体现新优质教学的本质。如语文老师梁香玲的案例《小溪巴赫》，一改之前散文教学中老师花大量的时间和精力去解读文中所描写的对象，而把教学的重点放在体察对象的那个人的心境上，认为散文中描述的对象只是作者抒发情感的载体，是作者眼中的事物，作为老师要引导学生通过品读作者眼中的事物去感受作者的情思。它从教学设计的精巧上体现了新优质。历史老师陆兵峰的案例《大一统的中原王朝与边疆的关系》，由古代的边疆引申至现在的边疆，由全球化视野下中国有形的边疆到无形的边疆，让学生对不同历史条件下边疆含义的演变有了清晰的认识。同时使学生铭记边疆历史，培育民族精神，开拓视野，树立21世纪中国公民的责任感。

文科的学习还需要让学生在语言、材料运用上有效习得，这可以是情境设置，可以是任务驱动，可以是小组合作，这也是新优质的体现。英语老师鲍鲲的案例《Wearable Technology》以可穿戴技术为背景，通过问题导向辅以图片、列表等形式，帮助学生梳理文章的框架脉络并掌握相关的语言和话题知识；通过略读、寻读、预测、猜词等策略，提升学生的阅读技能；通过图片描述、结对讨论、小组协作、作品展示等活动，鼓励学生运用所学知识，激发思维活力，培养口语表达能力与合作精神。地理老师周萍的案例《地震》设计了学习单，采用了任务驱动的方式，通过设计多项学生活动来吸引学生主动参与课堂讨论，从而达成教学目标。比如环节2，让学生通过自主学习，阅读书本第47页第一至第四自然段，并完成填空及连线题；环节3，提供给学生一定的材料，让学生通过阅读材料，分析归纳结论；环节4，让学生分组讨论"地震应急包"设计。每一项任务设计都明确目标，符合学生认知规律和难度，重视地理探究学习方法的训练与培养。

理科的课堂则更多是从文理结合来解读，以更为开放的视野将科学知识落实在课堂教学中，体现出在学科素养的培育中树德育人的教育目的，从而体现了新优质。数学老师沈保琪的案例《解析几何中点关于直线的对称性问题》将教材中分散地穿插在直线、圆锥曲线部分题型之中的平面解析几何中的对称问题进行了归纳。通过点关于直线对称、直线关于直线对称、曲线关于直线对称递进式三个层次的教学，学生可以理解且掌握点关于直线对称性问题的实质：轴（直线）是对称点连线段的中垂线。整堂课中既注重学生基础知识的夯实，又注重

"数形结合、转化思想"等数学思想的传授。化学老师李楠则在《元素周期表的应用》中,通过一系列探究,让学生体会元素"位置—结构—性质"间的关系。在环节2探究元素周期表的应用中,设置了两个探究活动:预测并推断未知元素的性质,门捷列夫与布瓦博德朗之间的故事;以寻找制冷材料为例,利用元素周期表指导合成新物质。在第二个探究活动中又设计了三个小探究:制冷剂的寻找、半导体制冷材料的寻找、磁制冷材料的寻找。在课堂教学中实现知识与文化的水乳交融,潜移默化地落实化学学科的育人价值。

新优质课例的反思与研究都来源于日常教学中的瓶颈问题,有研究的介入,课堂更加有深度,基于课堂的研究也更接地气。如胡婧老师在《高中议论文写作分析论证过程中思维路径图示化探索》中,就针对学生在问卷调查和访谈中出现的有条理地分析论证观点的缺失问题,开展用明晰的思维图示帮助学生进行有条理的分析,厘清思路的实践探索。她以花瓣图开展对一事一议的本质分析,以鱼骨图推进因果分析的多角度和逻辑性,以追问链形图有层次地推进对立统一概念的辩证分析,探索改变只知道高级议论文所应该具备的标准和目标,却不知道如何达到目标的现象,给学生提供具体的指导。沈保琪老师的《数学解题中"会而出错"的归因分析与策略》,针对学生"懂而不会,会而出错,对而不全"的问题,探讨资普生在数学解题中的失分原因并提出相应的策略。他认为失分原因主要是概念不清、审题失误、计算失误和心理因素,提出重视概念教学,排除对数学概念的认知障碍,掌握概念学习的方法等;注重培养学生严谨、细心的习惯,关注细节,题后总结反思等;要求学生在平时动手演算、动口述说,善于挖掘所学公式的隐含条件、灵活应用公式等;以乐观的态度、平常心、自信顽强的毅力面对考试。鲍鲲老师的《基于联想的词汇教学策略初探》,认为学生在已有知识和经验的基础上进行主动的知识建构,会带来词汇学习实践的变化,这就是词汇学习的联想策略,可通过语音联想、构词法联想、语义联想、语境联想和主题联想等五个方面进行词汇学习。

新优质课例的反思很多是来自学生的质疑,在帮助学生释疑的过程中让学生有效获得。如常雪雁老师的《文学的真实与虚构之辨》,通过让学生对《一碗阳春面》的细节、作者等存疑问题进行研讨与评价,从而扩展到关于文学作品的真实与虚构的问题,最后共同得出结论:文学要合乎逻辑,比如细节真实;文学虚构并不意味着可以任意虚构,不符合生活发展的逻辑,生活中不可能发生的事情,文学中也不应该有;文学要合乎历史,即历史真实,基本的历史事实是不能违背的。在课堂教学中,学生的活动以关注文本的内向型阅读为主,并伴随着对作品主题的纵深挖掘的外向型阅读。内向型阅读与外向型阅读的交互运动在课堂教学中是相辅相成的,从而感悟到一切教学资源和手段都是为了更好地实现内向型阅读与外向型阅读的交互作用。

教育是培养人的事业。教育的价值信念,体现了教育的意义,也体现了管理者和教师的角色责任和历史责任。师生应积极适应、坚持和超越,保持对教育和自身职业的追求。学生和教师实现自我超越也是城乡一体化和优质均衡教育的重要命题。同时,从精神信仰到物化价值的转化,既是一个回应现实的优化生成过程,也是一个突显价值的问题。课堂教育观念的重大转变之一就是我们开始强调观念创新,提出"教"要适应"学"。学校教育要始终坚持以学生为本的教育理念,让教师站在学生立场上进行思考,转变自己的教学理念。

附1:活动设计

10.3.2 直线与平面垂直

活动1	
活动目标	简要回顾直线与平面的三种位置关系,平行线与平面的研究内容和方法,引出直线与平面相交的特例——"直线垂直于平面"及其研究内容。
活动中的关键问题	[问题1] 直线和平面有几种位置关系? [问题2] 已经掌握了直线和平面平行的哪些内容? [问题3] 直线与平面相交中最特殊的一种位置关系是什么? [问题4] 研究关于"直线与平面垂直"的什么内容? [问题5] 怎样研究"直线与平面垂直"呢? 设计意图:简单回顾直线与平面的三种位置关系和线面平行的研究内容、研究方法,引出直线与平面相交时的特殊情况——"直线与平面垂直"及其研究内容。
活动说明	教师引导。 学生独立思考,小组交流并回答。

	活动2
活动目标	通过折纸实验,让学生先直观地感知定理,再进行确认运算和理性解释,从而提高几何直观能力和理性推理能力。
活动中的关键问题	试验:准备一个三角形纸片,三个顶点分别记作 A、B、C,过△ABC 的顶点 A 折叠纸片,得到折痕 AD,将折叠后的纸片打开竖起放置在桌面上(使 BD、DC 边与桌面接触)。 图1　　　　　　图2 [问题1] 折痕 AD 与桌面一定垂直吗? [问题2] 为什么图2中折痕不一定与桌面垂直?(引导学生根据定义进行回答) 设计意图:从另一个角度理解定义:如果想说明一条直线与平面不垂直,只需要在平面内找到一条直线与它不垂直就够了,实际上就是举反例。 [问题3] 如何翻折才能使折痕 AD 与桌面所在的平面 α 垂直? [问题4] 为什么图1中折痕 AD 与桌面是垂直的?(引导学生根据定义进行确认) 设计意图:通过折纸试验,让学生在发现定理的过程中,先通过直观感知,再操作确认并理性说明,以提高几何直观能力和理性说理能力。
活动说明	教师引导。 学生独立思考,小组交流并回答。

附2:单元课时设计

10.3.2　直线与平面垂直

【教学目标】

1. 通过从熟悉的生活实景中抽象,形成直线与平面垂直的概念;通过实验操作,探索发现直线垂直于平面的判定定理,并做简单应用,提升数学抽象思维能力。

2.探索并证明直线与平面垂直的性质定理,并了解该定理的两个推论,提升逻辑推理素养。

3.了解点到平面的距离、直线到与它平行的平面的距离,并会解决简单的问题。

4.通过运用特殊化、类比、化归等数学思想,体验研究空间关系的一般方法。

【教学重点及学习难点】

1.教学重点

(1) 直线与平面垂直的定义。

(2) 直线与平面垂直的判定定理。

(3) 直线与平面垂直的性质定理及推论。

2.学习难点

(1) 通过类比、化归等数学思维方法,研究垂直于平面的直线的定义,突破"任意"的产生和理解。

(2) 探索、归纳并理解直线与平面垂直的判定定理,突破无限与有限的转化。

【学习过程】

(一)复习旧知,温故求新

[问题1] 直线和平面有几种位置关系?

[问题2] 已经掌握了直线和平面平行的哪些内容?

[问题3] 直线与平面相交中最特殊的一种位置关系是什么?

[问题4] 研究关于"直线与平面垂直"的什么内容?

[问题5] 怎样研究"直线与平面垂直"呢?

师生活动:通过提问让学生复习之前所学内容,并让他们用手中的工具展示"线面相交",指出最特殊的情况并命名。学生可以说出"线面垂直度"要学什么,怎么学。

设计意图:简要回顾直线与平面的三种位置关系,直线与平面平行的研究内容和方法,引出直线与平面相交的特例——"直线垂直于平面"及其研究内容。

(二)创设情境,引入课题

情境1:在我们的生活中可以很直观地感受到"直线垂直于平面"的情况,举例说明。几何中是否存在"直线垂直于平面"的图像呢？举例说明。

　　情境 2:有没有不垂直于地面的建筑？举例说明。

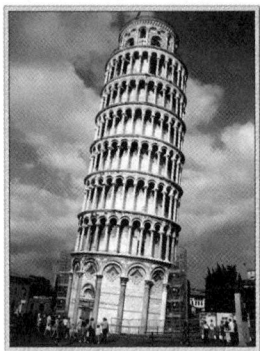

　　[问题 6] 为什么感觉斜塔与地面不垂直？

　　[问题 7] 关于"垂直"我们已知的是什么？

　　[问题 8] 能否用已知的"线与线的垂直关系"来描述未知的"线与面的垂直关系"？

　　师生活动:学生可以从直观感知入手,通过思考教师的提问,思考斜塔不垂直于地面的原因,进而掌握"垂直"是指平面上没有不垂直于它的直线。

　　设计意图:旨在让学生通过直观感知,明确"垂直线与平面"的知识。学生可以自由举例,列举生活中"垂直线与平面"的例子。大量举例有助于学生归纳总结出不同例子的共同特征,形成对直线与平面垂直度的直观感知。然后再从"比萨斜塔"这个反例出发,用"比萨斜塔"的"倾斜度"引出定义。在正反例的对比中更容易抓住事物的本质和核心。

　　[问题 9] 一条直线真的可以垂直于一个平面内的所有直线吗？有这样的实际模型吗？

　　师生活动:教师提问:"教室的门轴所在的直线是否垂直于地面内所有直线?"请学生独立思考,之后进行小组交流并做展示。教师再用几何画板演示猜想的合理性。

　　设计意图:直观演示在解释定义的合理性和检验猜想的正确性方面起着不可替代的作用。通过教师的实际教学演示,说明存在一条直线垂直于平面内所有直线,这也使得学生的认知结构中有了关于概念的实际模型。

（三）探究概念,理解辨析

1. 直线与平面垂直的定义

[问题 10] 仔细思考,请你用自己的话给"直线与平面垂直"下个定义。

定义:若一条直线垂直于平面上的任意一条直线,则称该直线垂直于平面。

师生活动:通过辨析定义——"'任意'的含义是什么,是否等同于'所有',是否等同于'无数'",指导学生用三种语言表达定义;通过利用定义证明例题 1——"求证:若两条平行线中的一条垂直于一个平面,那么另一条也垂直于这个平面",引导学生进一步认识定义,体会定义中"双向叙述"的功能,并在作图的同时介绍垂线、垂面、垂足等概念。

设计意图:对定义的多角度深入理解,使数学思维方法得到渗透,在教学中可以达到事半功倍的效果。例 1 的教学,在学生独立思考后,让学生互相示范和评价,使学生得到充分的训练和表达。同时,对证明格式提出规范要求。经过证明,从直觉判断到理性思考,这个问题是符合学生认知规律的。在定义的理解和例题的证明中多次使用三种语言,有助于培养学生的空间想象能力。

2. 直线与平面垂直的判定定理

[问题 11] 工人如何检验旗杆是否与地面垂直呢?

师生活动:通过"旗杆是否垂直于地面"这个问题,鼓励学生寻求一种新的方法来确定直线与平面的垂直度。学生若有把"任意直线"的定义简化为"有限直线"的想法,教师便可以接着问:"是简化成'一条直线'吗?'两条直线'呢?"给学生留出思考的时间,适当引导学生得出结论:一条直线垂直于平面内的两条相交直线就可以得到这条直线垂直于这个平面的结论。

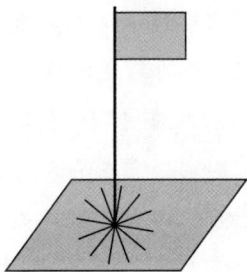

设计意图:通过提问,将较为理论性的知识与实际生活联系起来,引起学生的思考,让学生感受到寻求判断线面垂直新方法的必要性,又打开他们简化"任

意一个"定义的思路,同时对每个思路进行辨析,培养学生的空间想象能力,进而得到关于线与面的垂直判断定理的猜想。

(1) 测试

准备一张三角形的纸,如图所示标记三个顶点。将纸在经过顶点处折叠得到折痕,将折叠好的纸放在桌子上(使边缘与桌子接触)。

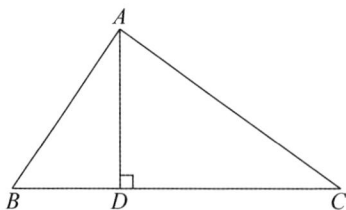 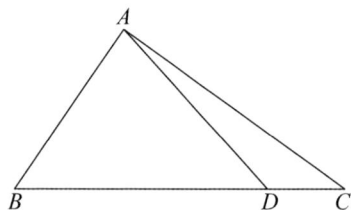

图1　　　　　　　　　　图2

问题1:折痕 AD 与桌面一定垂直吗?

追问:为什么图2中的折痕不一定垂直于桌面?(引导学生根据定义回答)

设计意图:从另一个角度理解定义:如果你想说明一条直线不垂直于平面,你只需要在平面中找到一条不垂直于它的直线,这其实是一个反例。

问题2:如何翻折才能使折痕 AD 与桌面所在的平面 α 垂直?

追问:为什么图1中折痕 AD 垂直于桌面?(引导学生根据定义思考回答)

① 组织学生分组探究讨论:无论折叠后的图1在桌面上如何平移和旋转,为什么折痕 AD 与桌面的垂直关系始终不变?

② 在学生讨论的基础上,教师用课件进行动画演示,以折痕 AD 为轴转动纸片,来说明 AD 与平面 α 内过 D 点的所有直线都垂直,平面 α 内不过 D 点的直线,可以通过平移到 D 点,说明它们与 AD 都垂直,于是符合直线与平面垂直的定义。在学生感知直线垂直于平面的判定定理的基础上,进一步引导学生理解和确认判定定理的两个关键条件"双垂直"和"相交"。

③ 从书面语言、符号语言、图形语言三个方面引导学生表达直线与平面垂直的判定定理。在学生讨论的基础上,教师用课件做动画演示,以折痕为轴转动纸张,表示平面中所有经过该点的直线都是垂直的,不经过平面中该点的直线可以平移至该点,从而符合直线与平面垂直的定义。

设计意图:学生在发现定理的过程中,首先要直观地感知,然后通过运算确认,并进行理性解释,从而提高几何直观能力和理性推理能力。

（2）汇报交流,形成定理

① 直观感知

师生活动:学生猜测并寻找补充证据的例子。

② 操作试验

师生活动:学生做实验:a.如何将一本书立在桌面上,使书脊与桌面垂直? 这样一本书至少需要多少页? b.将练习纸折叠,折痕满足什么条件? 折痕垂直于桌面吗? 动手操作,确认猜测。

③ 直观演示

师生活动:教师通过几何画板演示,向学生展示猜想的合理性,学生进一步增加直观体验。

④ 形成判定

师生活动:学生描述线与平面垂直的判定定理,用图形语言和符号语言表达"线与平面垂直"的判定定理。教师做点评总结。

设计意图:合理推理的第一步是进行猜想。先让学生在没有证明的"判定定理"的情况下接受"判定定理",然后引导学生找例子用猜测来验证,再通过折纸测试和几何画板演示来确认,进一步增强学生的直观感受,同时进行理性思考,最终形成一个定理。最后还要求学生用三种语言表达,并理解定理。

3. 直线与平面垂直的性质定理

[问题12] 直线和平面是否垂直的判定方法我们已研究过了,现在来共同探讨一下直线和平面如果垂直应该具有什么性质。

[问题13] 如图,长方体 $ABCD-A'B'C'D'$ 中,棱 AA'、BB'、CC'、DD' 所在直线都垂直于平面 $ABCD$,它们之间的位置关系如何?

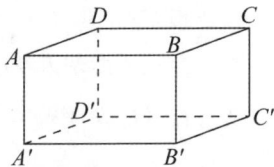

（学生讨论,归纳出线面垂直的性质定理）

师生可共同得到结论:如果两条直线垂直于一个平面,则它们是平行的,也可简记为线面垂直,线线平行。

证明:已知:$a \perp \alpha$,$b \perp \alpha$。求证:$a // b$。

[问题14] 垂直于同一个平面的直线是否都平行?

[问题15] 在同一平面内,有且仅有一条直线垂直于已知直线。把这个结论推广到空间,垂直于给定直线的平面有几个? 过一点有几条直线与给定的平面垂直?

学生分组讨论,并用实例说明,尝试得出以下推论:

推论1:过一点有且只有一个平面与给定的直线垂直。

推论2:过一点有且只有一条直线与给定的平面垂直。

4. 距离问题

在初中我们学过点到直线的距离,类比点到直线的距离,思考点到平面的距离应该怎么求。

点到平面的距离:过该点向平面作垂线,该点到垂足之间的距离即为点到平面的距离。

直线到与它平行的平面的距离:直线上任意一点到平面的垂直距离。

(四) 例题讲解,巩固新知

例1 证明:如果两条平行直线 a,b 中的一条 a 垂直于一个平面 α,那么另一条 b 也垂直于这个平面 α。

例2 如图,在正方体 $ABCD - A_1B_1C_1D_1$ 中,E、F 分别是 AA_1、CC_1 的中点,判断下列结论是否正确:

① $AC \perp$ 面 CDD_1C_1;

② $AA_1 \perp$ 面 $A_1B_1C_1D_1$;

③ $AC \perp$ 面 BDD_1B_1;

④ $EF \perp$ 面 BDD_1B_1;

⑤ $AC \perp BD_1$

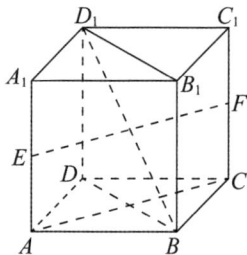

将图中的"正方体"改为"长方体",以上结论是否正确?

例3 在正方体 $ABCD - A_1B_1C_1D_1$ 中,(1)判断直线 AC 与平面 BB_1D_1D,以及直线 AC 与平面 A_1BD 是否垂直,并证明你的结论;(2)设正方体的棱长为 1,分别求点 A 及直线 AA_1 到平面 BB_1D_1D 的距离。

练习:判断下列命题的真假。

(1) 如果直线与平面内的无数条直线垂直,那么直线与平面垂直。(   )

(2) 如果直线与平面内的两条平行直线垂直,那么直线与平面垂直。

(   )

（3）如果一条直线和一个平面内的两条平行直线都垂直，那么这条直线垂直于这个平面。（　　）

（4）如果两条平行直线中的一条垂直于一个平面，那么另一条也垂直于这个平面。（　　）

（5）如果两条直线都与一个平面平行，那么这两条直线平行。（　　）

（6）如果直线 l 与平面 α 平行，那么直线 l 与平面 α 内的任意一条直线平行。（　　）

（五）课堂练习，迁移应用

例 4　继续研究例 2 中的正方体 $ABCD-A_1B_1C_1D_1$，E、F 分别是 AA_1，CC_1 的中点。求证：（1）$BD \perp A_1F$；（2）$D_1B \perp$ 平面 AB_1C。

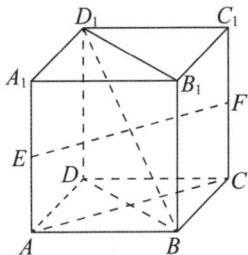

（六）课堂小结，布置作业

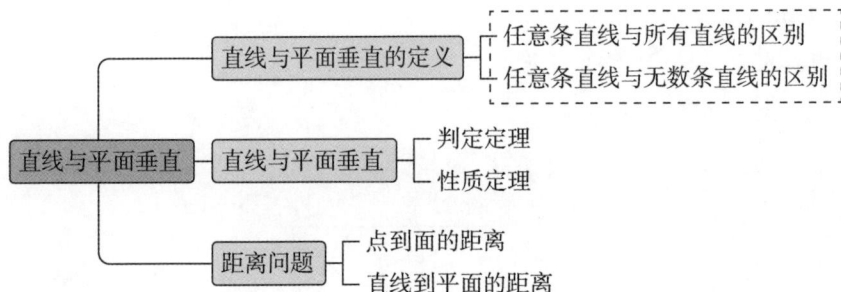

【布置作业】

（一）学有所忆

1. 直线与平面垂直

直线与平面垂直的定义：_____；

直线与平面垂直的判定定理：_____；

直线与平面垂直的性质定理：_____；

推论 1：_____；

推论 2：_____。

2. 空间中的距离问题

（1）点和平面的距离：设点 M 是平面 α 外一点，过 M 作平面 α 的垂线，垂足为 N,把_____叫作点 M 和平面 α 的距离。

（2）直线和平面的距离：设直线 l∥平面 α,在直线 l 上任取一点 M,把_____的距离叫作直线 l 和平面 α 的距离。

（二）学有所练

1. 点 P 是平行四边形 ABCD 所在平面外一点,O 是对角线 AC 与 BD 的交点,且 PA＝PC,PB＝PD。求证：PO⊥平面 ABCD。

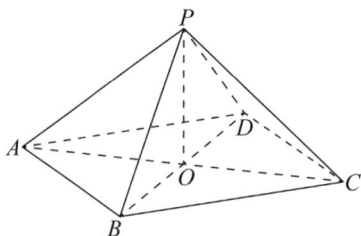

2. 如图,已知长方体 ABCD－A′B′C′D′的棱长 AA′、AB 和 AD 分别为 3 cm、4 cm 和 5 cm。

（1）求点 A 和点 C′的距离；

（2）求点 A 到棱 B′C′的距离；

（3）求棱 AB 和平面 A′B′C′D′的距离。

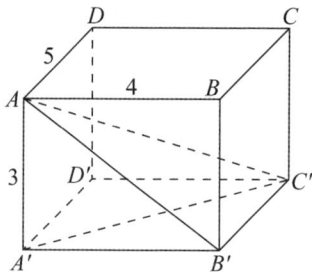

（三）学有所移

1. 证明：如果直线 l∥平面 α,那么 l 上任意两点到平面 α 的距离都相等。

2. 已知平面 α 与平面 β 相交于直线 AB,直线 PC 垂直于平面 α,直线 PD 垂直于平面 β,其垂足分别为 C、D。求证：AB⊥CD。

3. 如图,已知 BD 是⊙O 的直径,点 C 是⊙O 上的动点。设过动点 C 的直线 AC 垂直于⊙O 所在的平面,且 E、F 分别是边 AC、AD 的中点。求证：EF⊥平面 ABC。

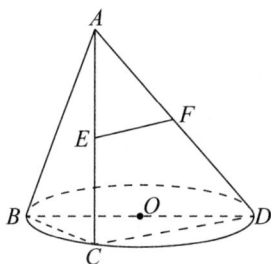

4. 如图,在棱长为 1 的正方体 $ABCD - A_1B_1C_1D_1$ 中,E、F、G 分别为棱 BB_1、DD_1 和 CC_1 的中点。

(1) 求证:C_1F // 平面 DEG;

(2) 试在棱 CD 上取一点 M,使 $D_1M \perp$ 平面 DEG。

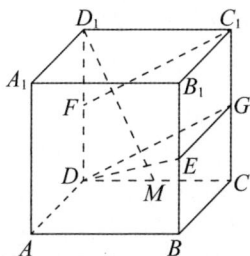

(四) 学有所究

如图,已知 E、F 分别是正方形 $ABCD$ 边 AD、AB 的中点,EF 交 AC 于点 M,GC 垂直于正方形 $ABCD$ 所在平面。

(1) 求证:$EF \perp$ 平面 GMC;

(2) 若 $AB = 4$,$GC = 2$,求点 C 到平面 EFG 的距离。

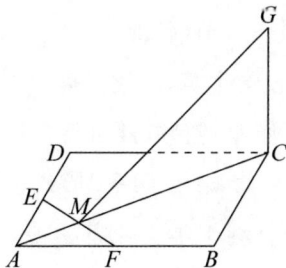

(五) 学有所得

通过本节课的练习,你有什么收获? 还有什么困惑? 或者有什么想法?

（六）学有所评

今天你成长了多少？结合作业的正确率，评价一下自己吧。（从学科知识点、解题策略方法、审题、计算等维度评价）

1. 教师评语

_____

2. 课堂反思与自我评价

可以从以下几个角度思考并撰写体会：

（1）今天我学到了什么？（从知识和方法层面）有哪些感悟？（从情感和态度层面）

（2）谁给了我帮助，我又帮助了谁？

（3）学习中我有哪些困惑？经过本节课的学习，这些困惑解决了吗？

（4）我能不能提出一个供自己和同学一起思考的问题？

第四节　单元视角的课堂增值

随着"课改"的推进，"双新"的提出，为了加强学科核心素养的培育，上海市市教研室提出了基于单元的教学设计模式。单元教学设计是对单元教学的全过程进行规划，可以根据五个教学环节（备课、上课、作业、辅导、评价），从设计层面提炼出相应的要素。针对我校学生实际，我们提出了"五环四案"课堂增值计划，在以教师主导的备课、上课、作业、辅导、评价五个环节基础上，将五环节的要素以自研案、导学案、导习案和自修案的"四案"形式呈现，既有利于教师梳理单元知识结构，形成素养培育，也有利于学生完善学习阶段，层层递进，厘清知识脉络，自修知识体系，内化学科素养。

"五环"，即教学五环节：备课、上课、作业、辅导、评价。这是构成一次完整教学过程的重要环节。

备课是教学过程的第一环节，也是教学质量的重要保证。教师在备课时需要对所要教授的知识点进行深入的研究，包括学科知识、教学理论和教学方法等方面。同时，还需要根据教学目标和教学大纲，设计出符合学生认知规律和学习特点的教学内容、教学形式和教学手段，以及教学过程中可能遇到的问题和应对方法等。在备课过程中，教师还需要根据学生的实际情况和特点，进行差异化教学和个性化教学的设计和实施，以提高教学效果。

上课是教学过程的核心环节，是教师向学生传授知识，培养学生能力的主要场所。在上课过程中，教师需要调动学生的学习积极性和主动性，采用多种教学方法和手段，如讲解、演示、互动、探究等，引导学生全面、深入地理解和掌握所学知识和技能。同时，教师还需要注重学生的实践操作和应用能力的培养，激发学生的创新思维和实践能力，以提高学生的综合素质和能力。

作业是教学过程的延伸和拓展，是巩固和提高学生所学知识和技能的重要手段。在布置作业时，教师需要根据教学内容和学生的学习特点，合理地设置作业类型、难度和数量，并注意作业的及时反馈和纠错。同时，教师还需要引导学生科学地完成作业，培养良好的学习习惯和自主学习能力，提高学生的自我管理能力和学习自觉性。

辅导是教师针对学生个别或集体的学习问题和困难，进行指导和帮助的过程。在辅导过程中，教师需要倾听学生的心声，了解学生的学习情况和学习需求，进行针对性的教育和帮助。辅导环节主要是为了让学生在课堂外也能够得到教师的指导和帮助，加深学生对所学知识的理解和掌握程度，提高学生的学习兴趣和自信心。教师可以通过以下方式进行辅导：①针对学生的问题进行答疑。教师可以通过线上或线下的方式，与学生进行互动交流，解答学生在学习中遇到的问题。②个别辅导。教师可以针对学生的学习情况，开展个别辅导，制定个性化的学习计划和指导方案，帮助学生克服学习中的困难和问题。③小组辅导。教师可以根据学生的兴趣和特长，将学生分成若干小组进行学习，开展小组辅导，让学生在互相学习和交流中提高学习效果。④学生互助。教师可以引导学生相互帮助，分享学习资源，形成共同学习的氛围，让学生在互相帮助中提高自身的学习水平。

评价环节是教学中不可或缺的一环，主要是对学生的学习过程和学习成果进行评估和反馈,帮助学生全面地了解自己的学习情况,发现自身的不足之处,及时调整学习方向和方法。教师可以通过以下方式进行评价:①课堂表现。教师可以通过观察学生的课堂表现,包括参与度、表达能力、思维深度等方面,对学生进行评价和反馈。②作业评价。教师可以对学生完成的作业进行评价和反馈,包括完成度、正确率、思维深度等方面。③考试评价。教师可以通过考试来评估学生的学习成果和学习水平,帮助学生了解自己的优势和不足。④个性化评价。教师可以根据学生的学习情况,制定个性化的评价方案,对学生的学习过程和学习成果进行更为全面和深入的评价和反馈。

教学的五个环节相互联系、相互促进,构成了教学的完整过程。只有使每个环节都充分发挥作用,才能达到良好的教学效果。

"四案",即自研案、导学案、导习案和自修案。"四案"是教学五环节的书面呈现方式,是一种可见的载体,它的具体内容阐述如下:

自研案是为了舒缓"双新"背景下课时紧张、授课内容多的主要矛盾,选择在备课过程中适合学生自学的内容,突出单元教学思想。教师结合教材,将一些比较浅显的知识引导学生自学,以起到初步统一学情的作用,为课堂教学做好知识与技能的铺垫,并为学生梳理学习目标。根据大单元大任务,将单元知识串联成统一脉络,尝试用一个情境解决单元核心任务。所以,自研案的对象是整个单元而非一个课时,而同一情境下的问题可以很好地缩减课时引入的时间消耗,达到精简课时的目的。

导学案是针对单元化教学视角下,本课时核心问题的相关知识点和学习活动的设计呈现。它能较为清晰地表现出本节课的知识脉络与活动结构;提供课堂学习活动所必要的资源,如相关知识的拓展阅读等,将课堂知识延展到课外加以深化;尝试将课堂学习内容从学科核心素养上去分解,提高学科核心素养的地位;摆脱学生一味记录知识点的问题,从而改善课堂学习效能。

导习案是为了帮助学生评估自己对本节课相应的知识与技能的理解程度,引导学生掌握单元教学背后的学科核心素养。在课后,指出复习重点,以主观题与客观题相结合的方式,引导学生掌握知识本领,并学会分析、表达学科现象与本质。导学案与导习案互相呼应,导学案是基本概念、基本知识、基本规律的生成,导习案是基于导学案所给知识进行补充完善、训练深化。

　　自修案是以单元为基础,针对本单元呈现的知识、技能,特别是学科核心素养进行测评。它是学生对整个单元学习的总结、回顾与再梳理,是教师对该单元学生的学习评价的主要体现;帮助学生以教师的评价为参考,对单元学习做最终的复习整理,补充完善一整章内容,重点关注知识之间的串联以及核心素养的渗透。

附1　生物单元教学设计(部分)

一、基本信息

单元名称	第4章　细胞的代谢		
课时名称	4.1　细胞通过质膜与外界进行物质交换		
	4.2　酶催化细胞的化学反应		
	4.3　细胞通过分解有机分子获取能量		
	4.4　叶绿体将光能转换并储存在糖分子中		
教材版本	上科版	适用年级	高一
设计教师	夏杰、郭丽丽、姚英洁、陈亮等		

二、单元分析

(一)单元学习内容(包括文字说明和结构图)

　　本单元主要是从“物质与能量”的视角认识生物体。细胞代谢是一切生命活动的基础,各种物质通过不同的方式进入细胞,在细胞中不断发生着能量的积聚和耗散,以及物质的积累和消耗。细胞质膜对物质进出具有选择透过性,小分子物质通过被动运输、主动运输等方式进出细胞,大分子物质通过胞吞和胞吐进出细胞。物质进入细胞后进行代谢,需要酶的催化。酶具有高效性和专一性,而且酶的活性受环境因素的影响。糖类、脂肪、蛋白质等有机分子先水解为小分子有机物,再通过有氧呼吸或无氧呼吸产生能量供细胞各项生命活动所需,而驱动细胞生命活动的直接能源物质是ATP。植物通过光合作用将CO_2和水转变成糖和O_2,将光能转化成化学能储存在糖分子中,光合作用受温度、CO_2浓度等环境因素的影响。

（二）单元教学目标

学习目标	学习内容	学业要求
1. 从结构与功能相适应的角度，解释质膜具有选择透过性。 2. 举例说明被动运输、主动运输、胞吞和胞吐的特点和区别。 3. 学会使用显微镜观察细胞质壁分离现象，探究外界溶液对植物细胞质壁分离和复原的影响。	1. 质膜具有选择透过性。	水平2
	2. 小分子物质经被动运输或主动运输进出细胞。	水平2
	3. 大分子物质通过胞吞和胞吐进出细胞。	水平2
	4. 观察外界溶液对植物细胞质壁分离和复原的影响。	水平2
4. 从蛋白质结构与功能相适应的角度，说出酶作用的特点。 5. 运用实验数据解释温度、pH值等条件对酶活性的影响。	5. 酶是生物催化剂。	水平2
	6. 酶的功能与其分子结构相关。	水平2
	7. 酶活性受环境因素影响。	水平2
	8. 探究温度对淀粉酶活性的影响。	水平2
6. 用文字和图示解释ATP是驱动生命活动的直接能源物质。 7. 从物质与能量角度说明细胞呼吸过程。 8. 通过探究酵母的呼吸方式，认识不同条件下细胞获取能量的方式不同。	9. ATP是生命活动的直接能源物质。	水平2
	10. 有氧呼吸产生大量ATP。	水平2
	11. 无氧呼吸产生少量ATP。	水平2
	12. 其他有机分子也可被氧化分解。	水平2
9. 从物质与能量角度，以文字或图示的形式说明光合作用的过程。 10. 学会色素分离和光合作用速率测定方法，设计实验探究影响光合作用的因素。 11. 举例说明环境因素对光合作用的影响。	13. 叶绿体是植物光合作用的场所。	水平1
	14. 光合作用是物质和能量的转换过程。	水平2
	15. 光合作用受环境因素影响。	水平2
	16. 叶绿体色素的提取分离。	水平2
	17. 探究影响光合作用强度的环境条件。	水平3

（三）单元活动安排

1. 活动目标

通过对细胞质膜透性的模拟实验的假设、观察、分析、解释，认识到质膜具有选择透过性的特点；通过实验，学会以引流和测微尺测量细胞长度等方法，认识到植物质壁分离与外界溶液浓度的关系;通过对实验结果的比较、分析、归纳,建立"酶是催化剂"的概念,并归纳出酶具有催化效率高的特点;根据自主实验探究获得的数据来建构数学模型,培养初步的建模能力;通过观看萤火虫发光实验,感受生命的奇妙,渗透热爱自然和生命的情感,认识到 ATP 为生命活动提供能量;通过绘制有氧呼吸过程示意图,描述有氧呼吸的过程,说明有氧呼吸第一阶段和第二阶段的物质和能量变化;通过实验比较酵母菌有氧呼吸与无氧呼吸的效率与结果,认识有氧呼吸与无氧呼吸的异同;通过观看恩格曼实验的视频,感悟科学家实验设计的奇妙,认识到叶绿体色素的显著特点;通过实验,学会提取和分离叶绿体中色素的方法,验证叶绿体色素的种类和颜色;通过绘制光合作用过程示意图,描述光合作用过程,说明光反应和碳反应的联系;通过探究实验过程设计,初步学会探究实验设计一般步骤,掌握实验设计一般原则。

2.活动名称

(1) 细胞质膜透性的课堂模拟实验

(2) 观察外界溶液对植物细胞质壁分离和复原的影响

(3) 演示实验"观察酶的催化作用"

(4) 绘制温度影响酶活性的曲线图

(5) 观看萤火虫发光实验的视频

(6) 绘制有氧呼吸过程示意图

(7) 探究不同供养环境下酵母菌的呼吸方式

(8) 观看恩格曼实验的视频

(9) 叶绿体色素的提取分离

(10) 绘制光合作用过程示意图

(11) 探究影响光合速率的环境条件的实验过程设计

(四) 单元课时安排

第 1 课时:细胞通过质膜与外界进行物质交换

第 2 课时:观察外界溶液对植物细胞质壁分离和复原的影响

第 3 课时:酶催化细胞的化学反应

第 4 课时:探究温度对淀粉酶活性的影响

第 5 课时:ATP 是生命活动的直接能源物质

第6课时:有氧呼吸产生大量ATP

第7课时:无氧呼吸产生少量ATP和其他分子也可被氧化分解

第8课时:叶绿体是植物光合作用的场所

第9课时:叶绿体色素的提取分离

第10课时:光合作用是物质和能量的转换过程

第11课时:光合作用受环境因素影响

（五）单元学习资源

编号	资源名称	来源
1	视频:细胞质膜透性的课堂模拟实验	教师制作
2	洋葱	菜市场
3	植物细胞质壁分离和复原相关实验仪器和试剂	实验室
4	酶的催化相关实验仪器和试剂	实验室
5	视频:萤火虫发光实验	网络
6	探究不同供养环境下酵母菌的呼吸方式相关实验仪器和试剂	实验室
7	视频:探究植物进行光合作用的条件	网络
8	视频:恩格曼光合作用光谱实验	网络
9	菠菜、青菜、莴苣等植物叶片	菜市场
10	叶绿体色素提取分离相关实验仪器和试剂	实验室
11	课件:萨克斯实验	学生制作
12	视频:光反应和碳反应分布显示动画	教师制作
13	图片:净光合速率与温度或CO_2浓度的关系	网络

（六）单元学业评价

本章设置了四道学业评价题,以真实情境为题干,侧重对物质交换、酶、细胞呼吸和光合作用等重要生物学概念的掌握,对物质与能量观等生命观念的理解和应用,对图文信息的分析和实验设计等素养的评价。问题的呈现形式有填空、选择和阐述等。

第1题:植物细胞的质壁分离和复原实验是学生自己动手做过的实验,印象比较深刻,一方面考查学生对该实验过程的掌握,另一方面考查学生对质壁分离条件和现象的理解。

第2题:以能源物质代谢为主干,联系到物质交换和酶,主要考查对呼吸作用过程的掌握,以及酶催化的专一性。

第3题:主要考查光合作用过程和影响因素,并基于这些生物学原理对某些自然现象进行解释和说明。

第4题:主要考查光合作用过程以及探究提高光合作用的措施,通过实验数据的分析得出科学结论,提出一些合理的建议。

1. 回答与"观察外界溶液对植物细胞质壁分离和复原的影响"实验有关的问题。(18分)

某同学在进行"观察外界溶液对植物细胞质壁分离和复原的影响"实验时,发现实验桌上的两瓶试剂(A瓶和B瓶)标签(蒸馏水和30％蔗糖溶液)掉了下来,该同学经过实验把相应的标签又重新贴在了试剂瓶上。以下是该同学进行实验的部分过程。

(1) 该同学在洋葱鳞叶_____上撕下部分表皮,制成临时装片。用显微镜观察,发现很多细胞呈紫色,原因是_____中含有紫色的色素。

(2) 该同学在临时装片的盖玻片一侧滴加了1—2滴A瓶试剂,在盖玻片的对侧用吸水纸_____,如下图甲所示。重复几次后,在显微镜下观察,发现细胞没有明显变化。随后该同学换用B瓶试剂,重复上述的步骤。在显微镜下观察,发现有部分细胞发生了变化,紫色区域_____(变大、变小或不变),颜色_____(变深、变浅或不变)。接着该同学将_____标签分别贴到了A瓶和B瓶上。

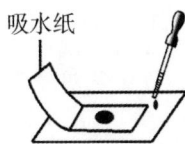
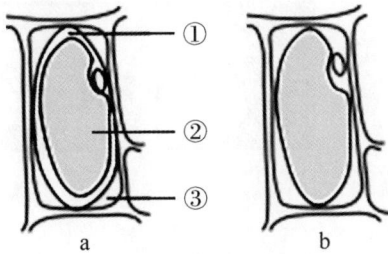

吸水纸

① ② ③

a　　　b

图甲　　　　　图乙

（3）该同学将A瓶和B瓶试剂分别处理后的一个细胞在实验报告上画了下来，分别如图乙中的_____图所示，其中a图表示该细胞发生了_____现象，①②③分别表示_____。

A. 细胞质基质、细胞液、外界溶液

B. 细胞液、细胞质基质、外界溶液

C. 细胞质基质、外界溶液、细胞液

D. 细胞液、外界溶液、细胞质基质

2. 回答有关物质交换、酶和呼吸作用的问题。（23分）

图甲显示了人体内部分能源物质的代谢途径，字母代表物质，数字代表过程；图乙表示物质的运输方式；图丙表示酶催化反应过程。

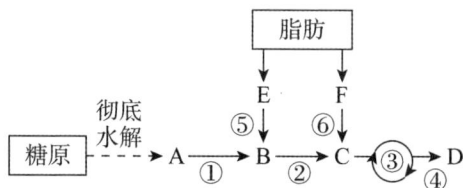

图甲

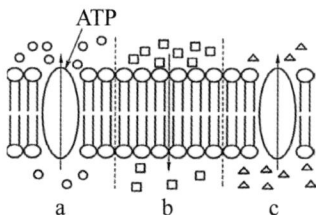

图乙

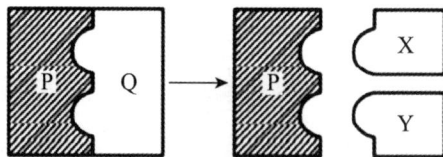

图丙

（4）细胞生命活动的主要能源物质是图甲中的[ ]_____，该物质彻底氧化分解的过程包括[ ]（用数字表示）。

（5）图甲中①～⑥过程中能产生能量的过程包括[　　]，其中会消耗 O_2 的是在_____上进行过程[　　]。

（6）当人体剧烈运动时，肌细胞若供氧不足，图甲中的[　　]_____被 NADH 还原形成_____，大量积累会使人感到肌肉酸痛。

（7）图甲中的 E 代表物质_____，该物质可通过图乙中的_____方式进出细胞。

（8）物质代谢需要酶。图丙中代表酶的是[　　]。若该酶是麦芽糖酶，能否催化乳糖分解？_____。理由是_____。

3. 回答有关呼吸作用和光合作用的问题。（26分）

科研小组对某植物进行研究，图甲是细胞代谢的部分示意图，其中①—⑤为相关生理过程，A—D 代表相关物质；图乙是温度对此植物的实际光合作用速率、呼吸作用速率和净光合作用速率的影响。

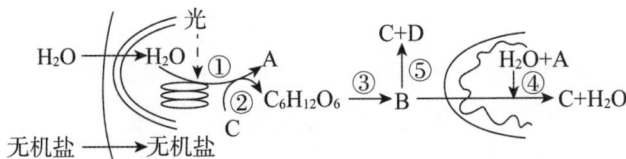

图甲

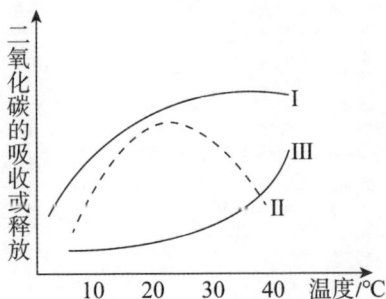

图乙

（9）图甲中 A 代表_____。当光照和 A 充足时，植物体内进行的生理过程是_____（用数字表示）。

（10）中午阳光直射时，植物关闭部分气孔，导致_____（用字母表示）吸收减少，进而直接影响过程_____（用数字表示）。

（11）由图甲可知，H_2O 既参与光合作用，也参与呼吸作用。H_2O 通过_____的方式进出细胞，该过程中_____（需要/不需要）消耗能量。

（12）植物各项生命活动的直接能源物质是_____。图甲中能产生该物质的过程是_____（用数字表示）。

（13）植物吸收的 Mg^{2+} 可用于合成_____，参与图甲中的_____（用数字表示）过程进行。当植物缺 Mg^{2+} 时，分离色素得到的结果中_____色的色素带会明显变窄。

（14）图乙中，表示为净光合速率随温度变化的曲线是_____。实际光合作用速率、呼吸作用速率和净光合作用速率这三者间的关系是_____（用编号和相应符号表示）。

（15）由图乙可知，该植物净光合速率最大的温度约是_____℃。与实际光合速率最大时的温度是否一致？_____。

4. 回答下列有关光合作用的问题。（33分）

小麦是重要的粮食作物，下图为小麦光合作用部分过程示意图，A—D 表示物质，①表示过程，I 表示结构，甲、乙表示部位。

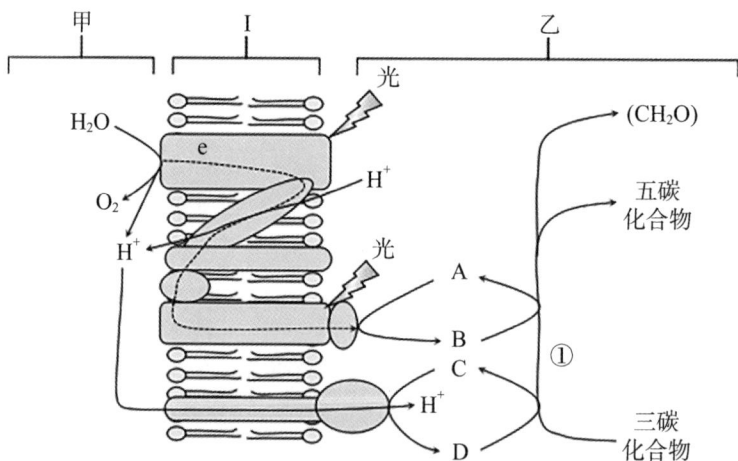

（16）图中物质 D 表示_____，结构 I 表示_____。下列选项中和结构 I 具有相似结构并能产生物质 D 的有_____。

①细胞质基质　②高尔基体　③线粒体外膜　④线粒体内膜　⑤内质网　⑥核糖体

(17) 当光照等条件都比较适宜时,部位甲的 H^+ 浓度_____(大于/小于/等于/无法判断)部位乙,据此可判断 H^+ 从甲到乙或从乙到甲的运输方式分别为_____。根据图示信息分析,维持 H^+ 浓度这种关系的原因有_____(多选)。

A. 部位甲中的 H_2O 在光下不断分解

B. 电子传递时 H^+ 从部位乙不断泵入

C. 部位乙中的 H^+ 参与物质 B 的合成

D. 部位甲中的 H^+ 不断地穿过结构Ⅰ

(18) 光反应中电子在结构Ⅰ上传递,最终形成[　　]_____;而在有氧呼吸过程中,电子经电子传递链释放能量,部分能量转化成[　　]_____。

(19) 过程①中三碳化合物需先还原形成_____,该化合物中约_____最终形成 (CH_2O)。

为研究施用不同的肥料对小麦光合作用和产量的影响,科研人员用某品种的小麦进行了实验研究,下表为部分实验结果(气孔导度表示气孔开放程度)。

肥料	叶绿素 a ($mg \cdot dm^{-2}$)	叶绿素 b ($mg \cdot dm^{-2}$)	气孔导度 ($mmol \cdot m^{-2} \cdot s^{-1}$)	产量 ($10^3 \ kg \cdot hm^{-2}$)
常规化肥	6.95	1.69	0.459	9.0
大豆饼肥	7.79	2.14	0.199	14.2
羊粪	8.12	2.23	0.512	17.0
沼肥	8.21	2.69	0.519	17.7
对照	6.01	1.35	0.406	8.3

(20) 上述实验研究过程中,下列操作必须保持一致的是_____。

① 灌溉时间和灌溉量　② 生产管理模式　③ 肥料量　④ 肥料种类

⑤ 大气中的 CO_2 浓度、温度、湿度等环境条件　⑥ 小麦的生长状态

(21) 某同学据表中的数据分析认为,小麦施用大豆饼肥效果最差,理由是施用大豆饼肥后,相对于对照组,小麦的气孔导度大大减小,不利于 CO_2 的吸收,从而抑制了光合作用。你认为该同学的分析合理吗? 为什么?

（22）由上页表可知,种植小麦最好施用_____。请从光合作用角度分析该肥料导致小麦高产的原因。

参考答案:

（1）外表皮(2分)　液泡(2分)

（2）引流(2分)　变小(2分)　变深(2分)　蒸馏水和30%蔗糖溶液(2分)

（3）b和a(2分)　质壁分离(2分)　A(2分)

（4）[A]葡萄糖(2分)　①②③④(2分)

（5）①③④(2分)　线粒体内膜(2分)　④(2分)

（6）[B]丙酮酸(2分)　乳酸(2分)

（7）甘油(2分)　b(2分)

（8）[P](2分)　不能(1分)　酶的催化具有专一性(1分),底物只有与酶的活性中心契合时才能被催化(1分)

（9）氧气(2分)　①②③④(2分)

（10）C(2分)　②(2分)

（11）被动运输(渗透)(2分)　不需要(1分)

（12）ATP(2分)　①③④(2分)

（13）叶绿素(叶绿素a和b)(2分)　①蓝绿和黄绿(2分)

（14）Ⅱ(2分)　Ⅱ＝Ⅰ－Ⅲ(2分)

（15）20(2分)　否(1分)

（16）ATP(2分)　类囊体膜(2分)　④(2分)

（17）大于(2分)　协助扩散和主动运输(2分)　ABC(2分)

（18）[B]NADPH(2分)　[D]ATP(2分)

（19）三碳糖（或磷酸甘油醛）(2分) 1/6(2分)

（20）①②③⑤⑥(2分)

（21）不合理。(1分)施肥效果的好坏关键是要看产量。(1分)相对于对照组和常规化肥组，施用大豆饼肥后，产量明显提高。(1分)虽然气孔导度减小(1分)，但叶绿素a和b含量明显提高(1分)，因此总的来说，光合速率是提高的。

（22）沼肥(2分) 叶绿素a和b含量高，对光能的吸收和转换效率快，促进光反应，产生更多的ATP和NADPH用于暗反应；(2分)气孔导度大，能从环境中吸收更多的CO_2，促进暗反应，从而使光合速率更快。(2分)

附2 高一语文《大卫·科波菲尔(节选)》"四案"设计

一、自研案

【任务情境】

大家在成长过程中有没有遇到过难以解决的问题？你们是如何应对的？有没有遇到过给你们留下深刻记忆的人？今天，让我们一起走进《大卫·科波菲尔(节选)》，看看小说的主人公在成长之路上遇到了什么。

（一）了解作者及作品。

1. 作者狄更斯

_____

_____

_____

_____

_____

2. 时代背景

自查资料：_____

_____

_____

文中描写：＿＿＿＿＿＿＿＿＿＿＿＿＿＿＿＿＿＿＿＿＿＿＿
＿＿＿＿＿＿＿＿＿＿＿＿＿＿＿＿＿＿＿＿＿＿＿＿＿＿＿＿＿
＿＿＿＿＿＿＿＿＿＿＿＿＿＿＿＿＿＿＿＿＿＿＿＿＿＿＿＿＿

（二）阅读课文，梳理本文的情节并总结。

序幕（　段—　段）：＿＿＿＿＿＿＿＿＿＿＿＿＿＿＿＿

开端（　段—　段）：＿＿＿＿＿＿＿＿＿＿＿＿＿＿＿＿

发展（　段—　段）：＿＿＿＿＿＿＿＿＿＿＿＿＿＿＿＿

高潮（　段—　段）：＿＿＿＿＿＿＿＿＿＿＿＿＿＿＿＿

结局（　段—　段）：＿＿＿＿＿＿＿＿＿＿＿＿＿＿＿＿

（三）速读课文，《大卫·科波菲尔（节选）》中写了哪些人物？他们与大卫之间是什么关系？

（四）用第一人称"我"的角度去叙述事件只能限于"我"的所见所闻所感，小说是如何突破这一局限的？（可以联系单元其他小说）

二、导学案

（一）大卫在成长遭遇困境时结识了米考伯夫妇，夫妇二人是否也处于困境？他们是如何应对困境的？从中可以看出人物怎样的形象特点？请完成表格。

人物	依据（段落）	描写方法	形象特点
米考伯先生			
米考伯夫人			

（二）为何大卫会和米考伯夫妇的关系越来越近，甚至"患难与共"？他们之间有何相似之处？米考伯夫妇身上有什么吸引着大卫？

三、导习案

（一）根据小说内容，写一篇米考伯的小传（可以模仿米考伯的语言习惯，也可以模仿米考伯的书信语言，写起来会更有趣）。

_____

_____

_____

_____

_____

_____

_____

（二）结合身边事例，说说你是如何看待米考伯这类人的。请写下自己的阅读感悟与思考，字数 300 字左右。

_____

_____

_____

_____

_____

_____

_____

_____

四、自修案

单元研习任务：本单元四篇小说在人物塑造上各有特色，请回顾课文内容，完成人物形象分析。

人物	环境与结局	外貌及言语行动	心理活动及发展过程	思想观念与性格特点	所反映的时代特质与超时代意义
米考伯先生					

（续表）

人物	环境与结局	外貌及 言语行动	心理活动及 发展过程	思想观念与 性格特点	所反映的时代特质 与超时代意义
玛丝洛娃					
聂赫留朵夫					
圣地亚哥					
布恩迪亚					

第五章 课程的传承发展

——课程改革的时代探索

第一节 课程改革的时代要求和现实基础

新时代党的教育方针给学校课程建设注入了新的强大动力。新时期以来，党的十九大从新时代坚持和发展中国特色社会主义的战略高度，做出了优先发展教育事业、加快教育现代化、建设教育强国的重大部署。《中国教育现代化2035》提出了推进教育现代化的八个基本理念：更加注重以德为先，更加注重全面发展，更加注重面向所有人，更加注重终身学习，更加注重因材施教，更加注重知行合一，更加注重融合发展，更加注重共建共享；明确了推进教育现代化的基本原则：坚持党的领导、中国特色、优先发展、服务人民、改革创新、依法治教、统筹兼顾。《关于新时代推进普通高中育人方式改革的指导意见》绘制了基于立德树人的高中教育样态全景图。《关于深化考试招生制度改革的实施意见》为高考综合改革的形式和内容确定了方向。《上海市普通高中课程实施方案》及各科课程标准为学校指引了高中课程的规划与设计。《上海市中小学年度课程计划及说明》明确了实施新课程和新教材的工作任务。

课程是实现党和国家教育方针的重要组成部分，是党和国家对于新时代人才的培养计划。教育是价值观和意识形态传承的重要途径，而课程内容的选择和设计直接关系到这一目标的实现。课程也是国家对人才培养的规划和指导。

不同学科的课程设置和内容安排是国家对不同领域人才培养的重要指导。只有符合国家发展战略的人才培养计划,才能更好地为国家的长远发展服务。课程还是学生思想教育的重要手段。课程内容既是学科知识的传授,也是学生思想品德教育的重要载体。因此,课程内容的设计必须符合党和国家的思想教育方针,以培养有良好思想道德素养的全面发展的新时代公民。

课程改革是教育改革中的重要组成部分,它涉及课程的设计、实施和评估等多个方面。课程改革经过了从传统课程到现代课程这样一个历程。传统课程主要以知识传授为主,注重对学生进行传统的"填鸭式"教育,注重考试分数,忽视对学生个性、创新能力和实践能力的培养。从世界历程来看,20世纪20年代,新教育运动开始兴起,提出了新课程的观念,强调以学生为中心,注重学生的全面发展和个性发展,以培养学生的创新能力和实践能力为目标。20世纪60年代,随着社会的现代化发展,教育也面临着新的挑战。在这一时期,教育开始注重学生的全面发展,强调课程内容的实用性,以适应社会对人才的需求。20世纪80年代,随着信息时代的到来,课程的多元化成了一个重要的趋势。在这一时期,课程的内容开始更加注重多元化,尤其是文化多元化,注重对不同文化背景学生的尊重和发展。20世纪90年代以后,随着现代教育技术的不断发展,教育的目标也开始向更为多元化、个性化和自主化的方向转变。现代课程理论强调课程设计要从学生的学习需求出发,注重实践性和个性化,以培养学生的自主学习能力和批判性思维能力为目标。简要来说,课程改革的历程可以概括为从以知识传授为主,到以学生为中心,再到强调实用性、多元化和个性化。课程改革的目的是为了培养学生的全面素质,使其具备适应社会需要的能力和素养。

基于对党和国家关于普通高中教育发展思想的综合理解,站在学校课程建设的角度,驱动着我校推进高质量课程的建设——深厚的学校文化底蕴为确立育人目标奠定基础。张堰中学创始于1937年,为了抵御日本侵略者的文化殖民,张中七贤,即张堰书院及私立浦南中学创始人任道远、方冲之、曹中孚、白蕉、蒋志义,以及校董会主席陈陶遗、高平子等,以"谋国故之保存,用维民族之精神"的家国担当,兴办教育,组织校董会,招贤纳士,倡导科学、民主、自由,普及文化知识,启迪民智,为张堰中学的创建和发展做出了突出贡献。这些先贤仁人,筚路蓝缕,播种文明,引领张堰中学艰难崛起。后继者秉承先进,不断突破,创造学校的非凡业绩。

历代张中人不倦探索,全情奉献,形成了"黾勉求进、力行致远"的学校精神,新时代学校的教师队伍结构合理、爱岗敬业,管理团队高效精干、协作创新,学校同人乐于合作、勇于探索的氛围日渐浓厚。在课改过程中,学校积极推进实践创新,积累了一些改革经验,开发了一定数量的课程。学校在"十二五"和"十三五"期间以课题引领学校课程开发,在"智普生培养实践研究"和"基于网络的新优质课例研究"等课题引领下,积极推进实践创新,以深度学习为核心理念,提炼并实施基础性课程课堂教学"有效三角"理念(课堂目标——"四个一点"、实施原则——"三减三加"、课后辅导——"五个一工程"),基于学情进行基础性课程的二次开发;在校本课程开发上,结合学校发展需要和地缘特点不断创新,先后开发了《哲学和生活》《光纤应用研究》《机器人编程和操控》《无线电技术应用》《天体观测》《南社与张堰》《高琨与光导纤维》《围棋》《曲棍球》《戏曲表演》等校本课程,不断丰富学生的学习内容,满足学生的个性化需求,使我校的课程发展站在了一个新起点上,为我校的内涵建设和转型发展提供了契机。课程建设是学校实现全面、整体变革的一个突破口,最终追求的是育人模式和学校文化的转变。

第二节 一脉相承的办学理念和课程思想

一、学校的办学理念

在教育教学中,学校应该致力于培养学生的自主能力,使他们能够更好地面对未来的挑战。学校应该提供一个良好的教育环境,让学生充分发挥自己的潜力,为未来做好准备。同时,学校还应该重视学生的全面发展,注重学生的人文素质、科学素质、技术素质和社会责任感等方面的培养,以满足不同学生的需求。在实践中,学校应该鼓励学生通过各种途径获得知识和技能,培养他们的创新精神和实践能力。学校也应该加强与社会的联系,为学生提供更多的实践机会,让他们更好地了解社会并为之服务。正是在这样的认识和实践的基础上,我们逐渐明晰了我校的办学理念"自主自强,全面发展",是指学校的教育工作者和学生应该通过自主和自强实现学校的全面发展。在多年的教育教学实践过程中,学校逐渐形成了这种理念,这是为了更好地适应社会的变化和满足学生的需求。

自主自强:秉承了张堰中学一贯的办学精神,充分肯定并强调学生自主发展能力的形成和自强不息品质的培养。学校开展"自主养德""自主学习""自主管理"教育,以生为本,使学生独立、主动、不断地实现自我发展,引导学生成为拥有独立人格、懂得管理和安排自己生活的人;"自强"意指"自强不息",学校的发展,教师、学生的成长,都应该有自强不息的精神,自我鼓励,自强不息,在锤炼自我中不断完善和提高自己。

全面发展:指学生、教师和学校都得到全面充分的发展。学生的全面发展指通过在校学习、参加社团活动和社会实践活动,"五育"并举,全方位得到提升,形成正确的世界观、人生观、价值观,为自己以后的终身幸福、走向社会、建设祖国打下良好的基础。教师的全面发展是指通过不断学习,促进专业成长,提高教育教学水平和管理水平。通过学生和教师的全面发展,促进学校的全面发展。

二、学校的发展愿景

全面贯彻党的教育方针,传承学校优良办学传统,深入探索并实践"自主自强,全面发展"办学理念的有效途径、模式和策略,重点推进学校课程体系和骨干队伍建设,把学校办成一所"特色彰显、成效卓著、开放融合"的上海市知名高中。

特色彰显:我校正积极创建"天文科技特色学校",传承与探索"天文教育"特色课程,促进学生个性的发展,努力形成教育有个性、发展有特色、办学有风格的特色学校。围绕天文教育特色领域,完善课程体系、教资架构、管理体系、资源体系和辐射机制。

成效卓著：即在各方面取得非常明显的效果和成绩，成人与成才齐头并进，素质与分数相得益彰。我校致力于将整体教育质量均衡优质化，课程设置丰富，教学资源充分，学生视野开阔，知识面广，责任心强，天文素养好，具备创新意识和实践能力；努力提高教学质量，实施素质教育，减轻学生课业负担，让学生快乐生活、快乐学习、健康成长，得到学生、家长和社会的高度认可。

开放融合：即实施"开放式"办学，将学校管理向校内师生和校外人士开放，充分利用一切资源，拓宽教育渠道，提升校社融合度，构成学校、家庭、社区"三位一体"教育网络。"融合"即指"'五育'并举，融合育人"。注重学生的全面发展，大力发展素质教育，促进德育、智育、体育、美育和劳动教育的有机结合。在课程建设中贯彻"融合教育"理念，构建"德智体美劳"一体化教育体系。

三、学校的课程思想

以"全面发展"为逻辑出发点，将核心素养培育作为重点，"五育"并举，不断提高学生各方面的创新能力和实践能力，努力把张堰中学的学生培养成为信念坚定、品能兼优、明礼守正、健康勤劳，能够适应新时代发展需要的社会主义建设者和接班人。

信念坚定：引导学生树立为中国特色社会主义建设、人民幸福、民族复兴和社会进步贡献力量的崇高理想。增强学生对中国特色社会主义道路、理论、制度、文化的自信，培育和践行社会主义核心价值观，立志肩负民族复兴的时代重任。鼓励学生自觉把个人的理想追求融入国家和民族的事业中去，勇做走在时代前列的先锋和开拓者，谱写无愧于时代的青春之歌和精彩人生。

品能兼优："品"指人的品质、品德、品格和节操；"能"指技能、能力和才能。"品能兼优"就是要求学生不仅在思想道德、品行品质、个人修养等方面不断进步、优化，也应该掌握适应时代发展需要的基础知识和基本技能，提升科学素养，经过长期的锻炼和培养，达到优秀的水平。"品能兼优"是一个动态的、循序渐进的自我培养和锻炼的过程，学校应该引导学生全面、协调发展，最终实现品行和能力的双优。

明礼守正:"明礼"就是讲文明,懂礼仪。学校要求学生礼貌待人,诚实友善,尊重他人,遵守公共秩序,与他人和谐相处,具有团队精神和组织活动的能力。"守正"即守正道,既包括道德品行,也包括客观规律。凡是被实践证明是正确的,从无数的成功和失败中获得的宝贵经验,就叫作"正道"。

健康勤劳:"健康"包括身体和心理健康。学校要求学生能正确认识自我,拥有强健的体魄、积极的心态和健康的审美情趣,敢于担当,坚韧乐观,积极主动地学习。"勤劳"是中华民族的传统美德,通过开展劳动教育,学生可以树立正确的劳动观,理解劳动的重大意义,热爱劳动,养成劳动的习惯,懂得把脑力劳动和体力劳动相结合的重要意义。

四、学校的办学特色

特色定位:推进天文科技教育,培养学生空天素养。"天文科技教育"是指在优质实施国家课程的基础上,做强以"天文科学"和"航空航天科技"为主干的校本课程,突显学校的教育特色。"空天素养"是指理解宇宙世界的物质状况和运动规律;领悟天、地、人、我和谐共生、协同发展的道理;形成热爱祖国、无私奉献、自力更生、艰苦奋斗、大力协同、勇于登攀的价值追求。

学校特色创建目标:根植于学校八十余年优质教育的沃土,传承先贤高平子致力于发展中国天文事业的伟大精神品质,梳理学校以天象观测、航模和无线电兴趣小组为主的空天素养教育历程,组建引领学校特色发展的管理体系,打造特色校本课程体系,多渠道建设一支特色师资力量,完善以天文创新实验室为主体的场馆资源建设,营造浸润式的特色教育氛围,以项目学习为导向,让学生在不断完成项目的过程中,培养个性、激发潜能、发挥特长,并培养学生的创新意识、科学精神和实践能力,为学生终身发展打下良好基础,为经济社会发展培养大批潜在的高素质科研人员和高层次人才,逐步实现学校从天文科技特色教育向天文科技特色学校的腾飞。

第三节 学校课程的整体设计和体系结构

一、课程目标和设计原则

(一)课程目标:品能兼优,全面发展

学校以学生全面发展为本,立足于学生本质品格和关键能力的培养,着眼于时代要求,以学生潜能开发和身心全面发展为核心,设置以"国家课程、校本个性课程、校本特色课程"为主线的学校课程,使高中阶段学生形成正确的价值观念,培养适应终身发展和社会发展需要的必备品格和关键能力。围绕这一目标,学校将构建自主选择、全面多元的课程体系。

(二)课程设计的基本原则

为了促进学生全面发展,彰显普通高中办学特色,为国家培养各级合格人才,学校合理规划课程,注重选修课建设,改变育人模式,赋予学生选课权,赋予教师课程开发权,促进课程的优质化、多样化、特色化,实现学生在共同基础上的多元化发展。学校课程设计依据以下基本原则:

1. 系统整合原则。学校的课程规划,不是简单地将必修课程和选修课程合并而成,而是在整合国家和上海市有关课程政策的基础上,结合先进的课程理念,对学生、社会和学校的需求和相关资源进行全面整理,在此基础上开发符合学校整体发展要求的课程体系。这一课程体系由在课程功能维度上多种类型的课程相互衔接,在课程领域维度上随学生发展水平和课程功能层层递进的课程群所组成。

2. 自主选择原则。课程改革的决策权真正落实到教师和学生手中。教师是推动课程改革的主体,有合适的教师才有相应的课程。只有当教师分享了课程改革的意义,并努力自我更新,开发具有个人特色的课程内容,并将其与学校的特点、时代对学生发展的需求结合起来,改变课堂教学的形式,新的课程体系才会变成现实;在课程资源的集聚过程中,学生的意见是重要的选择依据,只有真正符合学生多样化发展需求的课程才会受到他们的认可,顺利开设。学校建立自主的选课机制,在教师的指导下,每个学生都有一张独特的课程表和一套个性化的成长方案。

3. 全面多元原则。课程改革追求持续的改进和提升,实质上是一个以学校为基础的课程发展民主协商过程,即校长、教师、课程专家、学生、家长和社区成员共同参与学校课程计划的制订、实施和评价。评价的多元化是其中的核心环节,评价的主体由原来的教师和上级行政单位,变为由学生、教师、家长、社会、行政部门以及课程专家等共同参与,他评与自评相结合,多方主体不断交流互动,表达教育理念和诉求,推动全面多元的课程体系的不断更新。

4. 特色示范原则。学校在确保开齐、开足、开好必修课的同时,重点打造有优势和特色的课程。一方面,通过特色精品课程群引领学校其他课程理念和教学实践的持续全面改进,并进一步影响必修课的实施和改进;另一方面,让特色精品课程走出校园,产生品牌效应,提高学校的美誉度,彰显学校的办学特色,并进一步承担学校对社会的责任,提升整个地区的教育教学质量。

（三）课程体系的特点

1. 顶层设计,与时俱进。从一开始,学校课程实施规划就坚持"顶层设计,与时俱进"的思路,贯彻新课改精神,立足于"自主自强,全面发展"的办学理念,以及"品能兼优"的育人出发点,全面地考虑课程结构。课程的开发与实施以满足培养学生具有基本素养为前提,在普及必修课程,实现学生共同发展的基础上,实施好选择性必修课程,满足学生的个性发展和升学需要,同时结合学校特色和课程发展积淀,有计划地开设校本选修课程,满足学生的多样化需求。

2. 彰显特色,辐射示范。学校根据学生的多样化需求,学校的办学传统和办学特色等需要,统筹规划开设了系列校本选修课程。立足于天文、航天、航空等主干学科进行通识介绍,结合高中生的知识架构和思维特点,让高中生对科学原理和基础知识关键节点有初步认识,并能结合所学,做一些原理性和应用性的探究。结合天文科技特色教育,我校设计开发了"晓天""航天""问天"三大特色选修课程系列,并将三大课程系列打造为具有张中特色的优势品牌,发挥其辐射示范价值,实现学校的特色发展和创新发展。

3. 需求驱动,动态生成。课程体系建设坚持以"需求驱动,动态生成"为导向。高一学段注重初高中的衔接、共同基础的培养和多学科兴趣的引导,同时开展"养成教育";高二学段将学生的共性和个性相结合,在尊重学生学科选择的基础上增设方法、课题研究等辅导,同时开展"责任教育";高三学段注重学生自主学习和生涯辅导的结合,开设学科能力提升、专业发展指导等课程,同时开展"感恩教育"。总之,在课程的开发与实施中,根据国家发展的需要、学生健康成长的需求、学校特色发展的要求,不断完善课程体系,体现课程体系建设以国家对人才培养的要求和学生全面而有个性的发展需求为导向,从而理顺教学内容与学生成才之间的关系。

4. 循序渐进,稳步发展。课程体系建设强调"循序渐进,稳步发展"。课程体系建设体现课程承担"普及""个性"两大功能,必修课程、选择性必修课程、校本个性课程和特色类选修课程的每个模块下的课程内容与课程思维特点不同,体现由易到难、由浅入深的认知规律,培养学生朝着"基础发展""个性发展""多样发展"三个维度的发展目标稳步前进。

二、优化课程结构,构建"品能"课程体系

依据《上海市普通高中课程实施方案》的文件精神,在"自主自强,全面发展"的办学理念的指引下,学校秉承传统课程文化精髓,结合地域文化优势,对原有课程进行全面梳理,并对其功能进行定位,从而培养有理想、有技能、有责任的新人,构建"素质与能力"课程体系。除了国家课程的"必修课程、选择性必修课程"板块,学校选修课程规划开设了"德尚课程、哲思课程、格物课程、修身课程、实践课程、晓天课程、问天课程、航天课程"等八个课程板块。"2+8"课程结构层级分明又相互融合,形成了既注重共同基础,又注重个性发展的课程体系。

表 5 - 1　上海市张堰中学学校课程体系及说明

课程类型	实施方式	课程类别	课程领域	具体课程
国家课程	高质量实施	必修课程		语文、数学、外语、思想政治、历史、地理、物理、化学、生物学、技术、艺术、体育与健康、综合实践活动、劳动
		选择性必修课程	六选三课程	思想政治、历史、地理、物理、化学、生物学
校本课程	分类多样化实施	选修课程	明德笃行——德尚	素养成教育、责任教育、感恩教育、四月四节、先贤与南社文化、青年马列主义工程、邓读会、业余党校
			明德笃行——哲思	辩论赛、课题研究
			强基培优——格物	物理学基地、实验探索
			素养提升——修身	人文艺术（越剧）、运动锻炼（曲棍球）、手工家政（留溪编织）、琴棋书画（围棋、白蕉书画院）
			素养提升——实践	学工、学农、学军、研学、生涯规划、父母课堂、体验、志愿者服务
			兴趣发展——晓天	天体分类、天体观测、天体演化、天体物理
			兴趣发展——航天	载人航天、失重环境、空间站
			兴趣发展——问天	卫星分类、轨道计算、姿态控制、制作实践

（一）课程体系及说明

必修课程强调的是通识和基础,促进学生共同发展;选择性必修课程体现了课程内在的多样性和差异性,符合学生个性发展需求和升学考试需要。这一层面的课程要实现的是学生在学术素养、公民素养和生命素养方面的基本培养要求,针对的是全体学生。

校本选修的德尚课程关注学生的理想信念和社会责任;哲思课程提升学生的思维品质和创新能力;格物课程培育学生对物质世界强烈的好奇心和积极的学习兴趣;修身课程培养学生的身心修养和社会沟通能力;实践课程培养学生的劳动品质和动手实践能力。这一层面的课程涵盖理想信念、兴趣爱好、思维进阶、身心修养和动手实践等领域。这类课程要实现的是学生在学术素养、公民素养和生命素养等方面的拓展要求,针对的是全体学生。

校本选修的晓天课程主要是激发学生对宇宙的好奇,探究星际的奥秘,培养学生的天文探索能力、想象能力和实践动手能力,形成正确的宇宙观;航天课程主要是学习航天科技的发展历史、火箭的结构、火箭的原理、卫星导航系统等相关内容,提高学生的航天素养,培养国家航天人才;问天课程主要以火星车、空间站、小卫星制作等模拟项目任务为驱动,在任务完成中培养学生的价值观念、科学素养、奋斗精神等,进一步提升学生的综合素质。这一层面的课程主要涉及天文科技探究项目领域的学习,包括学术探究创新和项目任务实践两大方面,课程针对的是对天文科技有兴趣的学生。

（二）课程设置与课程安排

表5-2　张堰中学课程设置与学分安排

课程科目\学分\年级		高一	高二	高三	说明
国家课程	必修 语文	8			
	数学	5	3		
	英语	6			
	物理	4	2		

（续表）

课程	科目		高一	高二	高三	说明
国家课程	必修	化学	2	2		
		生物学	2	2		
		地理	2	2		
		思想政治	4	2		思想政治高三将安排相应的社会调查专题与重大时事专题教育。
		历史	2	2		
		艺术	2	2	2	
		体育与健身	4	4	4	按照体育专项化要求,每次2节课连上。
		劳动技术	3			
		信息科技	4			
	选择性必修	语文拓展		4	2	
		数学拓展		3	3	
		英语拓展		6	2	
		物理拓展		3	3	
		化学拓展		3	3	
		思想政治拓展		3	3	
		地理拓展		3	3	
		生物学拓展		3	3	
		历史拓展		3	3	
		体育拓展	4	4		
		技术拓展		4		
		艺术拓展			3	
		心理辅导			1	

（续表）

课程科目		学分年级	高一	高二	高三	说明
国家课程	必修综合实践活动	研究性学习	6			
		主题教育	1	1	1	班会
		晨会或午会	0.5	0.5	0.5	每天 15—20 分钟
		广播操、课间大活动、室内操、眼保健操	1	1	1	每天 45 分钟
		党团活动、军训、社会考察等	2			
	必修劳动	志愿服务＋统筹内容	2＋4			2 学分志愿服务，4 学分与通用技术选择性必修及校本课程统筹。
校本课程		德尚课程	1	1	1	
		哲思和格物课程	4			
		天文科技特色课程	2	1		
		修身和实践课程	2	1	1	

表 5 - 3　张堰中学校本课程设置与学分安排

	课程领域	课程主题	实施途径	学分	
选修课程	德尚	理想信念教育	养成、责任、感恩等德育主题教育"四月四节"活动、生涯指导等	2	3
		社会主义核心价值观	校史教育 先贤教育 南社历史研究	1	
	哲思	政治、历史、哲学	读书活动、思想实验、辩论赛等	1	2
		时政学习、青年马列主义工程	社团活动	1	

（续表）

	课程领域	课程主题	实施途径	学分	
选修课程	格物	深度学习、课题研究	拓展课、项目化学习、学科竞赛	1	2
		科技创新	科技创新节	1	
	修身	琴棋书画、人文艺术、体育健身、心理健康	文化艺术节、人文读书节、阳光体育节、心理活动月、劳动创造月等活动	2	2
	实践	学军学农、岗位实习、研学、家政、传统技艺	志愿者服务、夏令营、社会考察、暑期研学、非遗传承	2	2
	晓天	天体分类 天体观测 天体演化 天文摄影	参观学习 专家讲座理论学习 项目研究野外实习 科技竞赛 基地模拟任务完成	1	3
	航天	载人航天 火箭导弹 空间站 人造卫星 火星探测		1	
	问天	芯片技术 姿态控制 北斗导航 空间生命保障系统		1	

第四节　精品课程的多元选择和特色彰显

　　新一轮课程教学改革的一大特点就是"实行国家、地方、学校三级课程管理。国家制定中小学课程发展总体规划,确定国家课程门类和课时,制定国家课程标准,宏观指导中小学课程实施。在保证实施国家课程的基础上,鼓励地方开发适应本地区的地方课程,学校可开发或选用适合本校特点的课程"。

新形势下,推动普通高中高质量发展,鼓励普通高中办出特色,这是近年来高中发展的主要方向,突出表现在学校课程及其实施的高质量和特色上。因此,一方面,要遵循国家课程建设的基本要求和普遍导向;另一方面,也要根据办学目标和特点,合理开发和科学创新适量的校本课程。如何处理好两者的关系,确保国家课程的高质量实施的同时,构建更好的适合学生发展的个性化教育平台,形成学校特色,提升学校内涵,是学校面临的一大挑战。

我校精品课程群是在学校的育人目标指导下,结合办学理念和办学目标,以及特色学校创建和学生多元发展需求而形成的系列课程。我校重点建设三大精品课程群:"哲思"课程群、"格物"课程群和"天文科技"课程群。

（一）"哲思"课程群

"哲思"课程群旨在培养高中学生的理性思辨和深度思维能力,帮助学生独立思考,勇于质疑,有自主探究学习与钻研的能力。它是在完成学习任务中表现出的理性思考,以哲学方法层面指导学科知识的学习与生活实际的运用,发挥对高中学生的心灵培育的重要作用,引导青年学子有良好的思维品质和自我约束能力,养成"发乎人性之自然,合乎人生之需"的高尚品格。

表5-4　"哲思"课程群

年段	思维水平	分阶段目标	关注重点	课程举要
高一	具有抽象概括性、反省性	1. 强化用理论指导分析综合各种材料的能力。 2. 培养对事物规律的认识。 3. 促进抽象逻辑思维能力的提升。	重视抽象逻辑思维能力的发展,培养思辨力。	《中国哲学与智慧》《近代西方探寻宇宙之路》
高二	具有组织性、独立性、深刻性和批判性	1. 理论性思维趋于成熟并基本定型。 2. 辩证逻辑思维发展迅速。 3. 敢于发表自己的见解,喜欢怀疑和争论。	重视批判性思维品质的发展,培养思维的独立性、批判性。	《微观国际关系》《模拟法庭》《思想实验》

（续表）

年段	思维水平	分阶段目标	关注重点	课程举要
高三	想象思维能力的发展	1. 促进创新思维能力的发展。 2. 强化理想的形成以及理想的现实意义。 3. 能为自己的理想实现而努力。	重视创造性思维的发展，培养思维的品质，强化思维的自觉性。	《作文审题中的思辨》 《社会治理中的两难困境》

（二）"格物"课程群

"格物"课程群旨在提升高中学生的实验探究能力和项目活动能力，帮助学生以课题探究、实验探索等方式研究论证学习过程中的所思所想，与"哲思"课程群呼应。它是习得知识后对其产生的理性思考的证明与深度探索，以理学思维层面指导学生掌握学科核心素养，获得学科必备能力，引导学生以事实证据解释自然，提升高中生所需的科学探索能力。

表 5-5 "格物"课程群

年段	能力水平	分阶段目标	关注重点	课程举要
高一	对理学思维和实验能力要素有初步了解	1. 知道理学思维要素。 2. 知道实验要素。	重视理学思维能力的培养和实验能力的探索。	《趣味化学》 《物理建模》
高二	学会用实验与项目研究问题	1. 知道实验研究的基本方法。 2. 知道项目化学习的基本路径。 3. 知道问题的研究媒介，并学会利用与设计。	重视实验能力与项目研究能力的培养。	《芯空课程》 《食品中的微生物检测及改进》
高三	能对实验与项目结果进行有效分析，并获得问题结论	1. 学会如何进行数据分析。 2. 学会如何从实验与项目中获得有效结论。 3. 学会整合结论，做出分析解释。	重视实验与项目对问题的有效性研究，重视结论的获得与分析。	《太空育种的研究设计》 《火星家园》

(三)"天文科技"课程群

"天文科技"课程群是基于学校办学历史和特色创建等需要而统筹规划的校本选修课程。立足于天文、航天等主干学科开展通识教育,结合高中生的知识架构和思维特点,让高中生对科学原理和基础知识关键节点有初步认识,并能结合所学,做一些原理性和应用性的探究。按照学习梯度,设计开发"晓天""航天""问天"三大特色选修课程系列。

表5-6 "天文科技"课程群

课程分类		课程定位	学科结合课程		
天文科技选修课程	晓天	通识科普	天量(巨大的数)	天体测量	数学学科
			天人(天文学家)	科学精神	历史学科
	航天	拓展实践	天力	物理力学	物理学科
			天象	天体现象	地理学科
	问天	研究创新	天体	自然天体	物理学科
			天理	物理规则	物理学科

"晓天"天文科技通识科普系列课程,主要定位于给学生丰富的知识底蕴,以天文科普知识竞赛为导向,向学生普及各项天文科普知识。

表5-7 参考课程体系大纲

1	天文摄影,你也可以	科普天文摄影的类型、成功要素,以及天文摄影的意义。
2	神秘的月背:潮汐锁定	科普万有引力、惯性离心力,定量分析潮汐锁定的成因,科普为什么我们只能看到月球的一个面。
3	日食、月食现象的成因	科普光沿直线传播,介绍和演示日食、月食的轨迹,科普日食、月食的出现概率。
4	观察日食、月食,你可以这样做	应用日食、月食的成因以及小孔成像原理,制作简单的日食、月食观察装置。
5	月亮到底是什么颜色	我们看到的月亮和实际月亮的颜色一致吗?我们怎样才能看到真实的月亮颜色?
6	你知道蝴蝶星云吗	科普星云的知识,对太空天体知识进行梳理。
7	真实的宇宙形态结构	基于人类已知的宇宙形态,逐步深入科普宇宙层级结构。

（续表）

8	宇宙的尺度,科学计数法初探	科普古人的计数方法,介绍宇宙到底有多大,借助科学计数法获得表示超大数字的能力。
9	黑洞是什么,黑洞是否能造出来	科普黑洞相关知识,介绍人类对黑洞所做的研究,科普黑洞是否可以被人工造出。
10	海水为何不会流入太空	科普人类是如何发现地球是圆的,球形的地球为什么水不会流入太空。
11	太阳系行星面面观	科普关于太阳系八大行星的基本知识,以及为什么冥王星会被行星群排除。

"航天"拓展实践课程主要培养学生勇于探索的创新精神与实践能力,通过各类航天器制作,学生可以感受到人类对于探索未知太空的进取之心。

表5-8 参考课程体系大纲

1	神奇的航天器	介绍航天器的主要种类、构成及功能。
2	初识卫星	知道卫星定义以及卫星功能和分类; 了解卫星系统组成; 理解卫星荷载以及作用。
3	卫星基础理论与项目实践	学习卫星基础天体力学; 掌握常用工程实践工具的使用方法。
4	卫星荷载系统	了解荷载相机的基本构成; 知道太空相机的成像原理; 理解卫星常见荷载及其分类; 提升学生整体思维能力。
5	卫星电源及总体电路系统	知道卫星电源系统主要组成部分; 了解卫星各电源和荷载之间的连接方式; 学习卫星电源系统的设计方法。
6	卫星热控系统	了解卫星热控制常用方法; 掌握热传递的几种主要途径; 了解宇宙特殊环境对于卫星电子设备的影响。
7	卫星综合电子系统	掌握卫星星务系统如何协调和控制卫星的各个分系统; 掌握星务系统的编程方法; 通过编写远程无线控制程序,掌握卫星星务系统常用编程语言和方法。

（续表）

8	卫星姿轨控系统	了解卫星在空间中的转动、转动惯量、力矩和角动量等运动规律； 知道卫星的控制理论和控制工程的基本原理； 掌握卫星姿态轨道控制系统中的传感器、执行器、电动机等电子设备的使用。
9	卫星通信系统	了解卫星通信基本原理； 掌握卫星测控软件的使用方法； 能将卫星测控理论与现实生活相结合。
10	卫星结构系统	了解卫星的主要组成部分； 知道卫星的主要结构及功能； 掌握卫星结构设计方法。

"问天"研究性项目式系列课程主要通过研究性项目，培养学生观察细节、见微知著的研究能力，以及科学求真精神和坚持不懈、严谨认真的求学态度。

参考课程内容：

1. 业余天文观测研究——恒星光谱测量

（1）研究目的：本课题通过利用业余低端天文望远镜配合自制光栅分光镜对恒星光谱进行拍摄，并对谱线进行前期处理与后期测量分析。一方面，实现了在业余条件下对光谱的浅研究和业余器材充分利用的可行性；另一方面，我们可以通过恒星光谱曲线，分析出其中 H 原子谱线与金属谱线的丰度，来大致推演恒星的演化。

（2）研究方法：文献分析法、数据分析法。

（3）研究创新：使用摄影手段对光谱进行了预处理，使光谱更加方便进行后期的分析，并创新性地对多组光谱数据使用抖动像素的算法进行超分辨率的重建，通过超分辨率的重建在兼顾拍摄效率（更高的分辨率，衍射角会带来曝光效率的降低）的前提下，提升了谱线的分辨率；在光谱后期分析上，我们使用了像素尺方法，通过像素与光波长的关系，对光谱进行测量标定，提升了比对精度。

（4）研究结论：使用像素抖动算法对光谱进行超分辨率重建，弥补高效率光谱拍摄带来的低分辨率影响。

2. 一窥星之光影——仙王座 23、小马座 5、仙女座 GP 的 CCD 观测与分析

（1）研究目的：通过对仙王座 23 号星的观测，论证观测方法的正确性；分析小马座 5、仙女座 GP 的光变原因。

（2）研究方法：实验加推理。

（3）研究结果：①通过仙王座 23 号星的光变曲线，得到了 23 Cep 的光变周期为 1 小时，光度变化范围在 4.86—4.94 之间。②通过仙女座 GP 的光变曲线，发现该星光度上升的速率大于光度下降的速率。③通过小马座 5 的光变曲线，发现 5Equ 在拥有一个 12.5 分钟的周期的同时，每个周期有近一半时间处于不规则变化的状态。

（4）研究结论：①观测结果印证了依巴谷天体测量卫星的测量结果，说明观测方法正确。②证明了"脉动变星在脉动过程中，光度会加速上升、减速下降"这一理论。③提出假说：当自转变星处于双星系统中时，由于伴星拥有比主星更强的磁场，伴星的强磁场剧烈扰动主星表面的等离子体，使主星表面的磁场扭曲，形成大量黑子，随着主星的自转带动黑子转动，引起光度周期性变化。

第五节　学校课程的有效实施和多元评价

一、高质量实施必修课程

根据学生全面发展的需要设置，严格"五项管理"要求，严格课程和课时设置，规范课程管理，注重学科核心素养培育和学科人文精神教育，根据学生实际学力和学情实施国家必修课程。

课程标准指导，切合实际细化实施。夯实基础，整合课程资源，渗透课程理念，挖掘课程育人功能，倡导以单元教学设计为课堂教学模式，注重情境化教学，形成更符合本校生源实际的教学策略和模式。

优化教学环节，提高课堂教学效率。实施基于单元教学设计的"五环四案"课堂增值计划。以知识单元为模块，将知识转化为生活问题情境并应用于问题解决为"四案"设计的基本导向。以单元内单课为载体，不同课型不同侧重，新授课侧重自研案和导学案；复习课侧重导习案和自修案。通过"四案"的设计和实施,形成单元教学任务闭环,达到课堂增值目的。

明确实施要求,规范单元实施行为。结合"单元教学设计指南",各学科组完成学科单元教学校本化设计。以单元为教学模块,梳理单元知识逻辑脉络和问题链,明确针对单课的问题情境设计清单(大清单+小清单)。根据单课问题情境导学清单,设计学生课前自研案、课中导学案、课后导习案。根据单元教学达成度,设计自修案(知识梳理+检测+单元思维导图)。

创设学生活动,增加体验经历。学校以天文科技特色建设为契机,与高等院校、研究机构、专业场馆等合作搭建学生学习、活动平台,外界资源、本校教师双方面创设各学科的各类学生活动,努力改变以往教学中学生被动吸收、机械记忆、反复练习、强化储存的情况,提倡创设情境,设计学生活动环节,积极创设多样化教学环境,增强学生作为主体的体验。

加强特色渗透,促进学生发展。探索学校特色与学科教学相融合,即在学科教学中渗透天文科技特色的理念,同时进一步探究针对不同课型(新课、习题课、实验课、复习课、阅读课)的课堂分模式(变式)和操作路径,使学生在学习中有收获,有成功感和喜悦感,使教师在教学中体会到成就感,进而教学相长,既提高教师的专业水平,又提高学生的学习能力,增强课堂教学的吸引力,进一步推进课程教学改革,促进学校发展和学生成长。

二、分层分类推进选修课程

根据满足学生个性发展和升学考试需要设置,在必修课程基础上,拓展学生的知识视野和能力基础,延伸、综合、重组与提升学生的知识与能力,以促成学生知识结构与智能个性的形成,满足学生多元发展和个性成长需要。学科类课程,满足学生升学需要,设置与学科相关的不同类型、不同层次的学科选修、必修课作为基础学科知识的延伸和深化,来适应不同发展水平学生的学习需求。艺体综合类课程,满足学生个性发展需要,提高人文修养和艺体专业能力,在体育与健身、艺术与欣赏、科技与创新等方面提供多样化选择。

围绕学校"天文科技"特色创建,融合学生社团、兴趣小组等学生自主活动,打造德尚、哲思、格物、修身、实践等五大类校本选修课程和晓天、航天、问天等三大类特色课程,在立德树人和全面发展等方面充分挖掘校本选修课程的功能。

这是必修课程和选择性必修课程的延伸和补充,为学生提供更广范围、更加丰富的课程资源。

开发并实施"天文科技"课程群,在科技创新理念的引领下,整合与天文科技教育相关的其他课程,形成具有学校特色的新的课程体系,充分响应特色高中的创建目标。

开发并实施德育课程,打造包含年级主题德育、生涯规划、先贤教育、校外研学、健康心理、四月四节等内容的"德尚"课程群,完善学校德育课程系统,充实学校课程规划建设,提升学校德育工作水平。

丰富选修课种类,鼓励教师自主研发课程和编写教学讲义,形成相对成熟的长、短课程;充分利用校外课程资源,加强跨学科领域选修课程建设;优化研究性学习课程,以校内教师为主体,加强对学生项目选择的指导,为学生综合素质评价提供更加丰富的资源平台。

三、多元实施课程评价

(一) 课程评价原则

重视对学习的表现性评价,贯彻落实综合素质评价方案。借助信息化平台建立高中三年制"一生一档案",突出结果评价、重视过程评价、完善综合评价,真实有效地记录学生的表现。

1. 评价主体的多元性原则,是指评价过程中应该涉及多个评价主体,包括教师、学生、家长、社会等不同方面的人士。每个评价主体都应该在自己的角色和职责范围内对被评价者进行评价,从而形成全面、客观、准确的评价结果。

2. 评价主体的互动性原则,是指评价过程中,不同评价主体之间应该相互沟通、交流,形成信息共享、意见交流的氛围。通过互动,不同评价主体可以更加深入地了解被评价者的情况和评价标准,从而更好地完成评价任务。

3. 评价内容的多元性原则,是指评价过程中应该覆盖多种评价内容,包括知识、能力、素质等方面。评价内容应该与被评价者所处的阶段、学科、发展需要等相关,既要体现学科知识的掌握程度,也要考虑到学生的综合素质和能力。我们注重学生的创新精神和实践能力的发展,以及身体素质、心理素质、学习潜能和积极情感体验的发展。学校建立系列"留溪奖项",如"道远""勤思""力行""博雅""勤劳"奖,以发展素质教育,转变育人方式。

4. 评价过程的动态性原则,是指评价过程应该具有动态性,即不是一次性的、静态的评价过程,而是一个全面、连续、动态的评价过程。评价应该不断更新、调整、完善,以反映被评价者在不同时期的发展变化和成长情况。通过学生的课程学习成果,如实物、论文、研究报告、实验报告等,给予学生相应的评价,结合学生在学习过程中的出勤记录和表现,多维度评价学生的学习情况。

这四个原则共同构成了评价体系的重要组成部分。评价主体的多元性、互动性和评价内容的多元性,可以保证评价结果的全面、客观、准确;评价过程的动态性则可以及时反映被评价者的发展变化和成长情况。

(二) 具体评价内容

1. 学生学习评价

(1) 国家课程学习评价

国家课程学习评价由形成性评价和终结性评价两部分构成。

① 形成性评价:由学习态度、学习发展、平时学习成绩组成,其目的在于了解学生已有水平和学习中取得的进步及存在的困难,发现学习过程中存在的问题,及时进行调整,促进学生发展。为了便于对学生进行形成性评价,在《学生成长记录手册》中设计了《学科学习过程评价表》,内容涉及对预习、提问、作业、学习态度、学习方法、探索与实践能力、合作与交流等方面的评价。评价的方式由学生自我评价、教师评价、学生互评和家长评价构成。

② 终结性评价:在课程教学活动告一段落后,为了解学生在参与课程教学活动后的效果,学校通过考试、考查等方式进行评价。

表 5-9　张堰中学学生终结性评价构成

项目	期中考试	期末考试	平时成绩
评价标准	分值制(30%)	分值制(40%)	分值制(30%)
评价形式	考试或考查	考试或考查	学习过程评价和考查成绩
平时成绩	平时成绩=平时测验成绩+学习过程评价成绩		
学期成绩	学期成绩=期中成绩×30%+期末成绩×40%+平时成绩×30%		
学年成绩	学年成绩=第一学期学期成绩×50%+第二学期学期成绩×50%		

（2）选修（校本）课程学习评价

在《校本课程学习记录表》中记录学生的学习情况，内容涉及以下几方面：

① 根据课程特点和教师的要求，采用书面考试或其他考查方式，并对考勤进行记录。

② 教师根据每个学生参加学习的态度进行评价，采用等级"优、良、中、合格、不合格"形式评价。

③ 学生的成绩可以通过实际操作、竞赛、评比、表演等多种形式进行展示，成绩突出者可将其成绩记入学籍档案。

（3）综合素质评价

充分重视每一次活动的教育意义，在教育教学活动中，积极提升学生的活动品质，让每一次教育教学活动都成为学生高中三年的美好记忆。根据《学生成长记录手册》中综合素质评价要求，对学生的以下几个方面进行综合评价：

① 思想品德与行为规范：由学生选择自己表现最好及最需要努力的方面进行填写。

② 校园文化活动：真实记录学生参与的各类活动（如艺术节、科技节等），以及参与活动时所承担的任务和获奖情况。

③ 综合实践：真实记录学生参与的各类社会实践活动（如军训、学农、研究性学习、党团活动等）情况。

④ 劳动教育：真实记录学生在社区服务、通用技术等方面的表现及所取得的成绩，并提供佐证材料。

⑤ 学生发展性综合评语：组织家长、同学和学生本人认真填写"家长的话""同伴的话"和"我来说一说"，全面反映学生除学业表现以外的其他各方面的综合表现；由班主任及任课老师填写"班主任的话"和"任课老师的话"，对学生的在校表现进行积极的评价，助推学生全面发展。

2. 教师教学评价

（1）学校以校内教学研究为抓手，由中层以上干部、学科教研组长和部分骨干教师组成校内教学督导团队，对教师教学进行调查和综合分析，并形成书面意见，提出改进措施，及时沟通反馈，以提高教学效果。学校还与教研员保持联系，经常性指导教师的教学工作。

（2）开展学生访谈和问卷调研，从教师的教、学生的学和学校管理等方面，了解任课教师教学五环节的落实情况。

（3）期末组织学生对教师的教学态度和教学效果进行评分和评价，并将评分结果及在学校的排名反馈给教师。教师结合学生的教学评价分数反思自省，扬长避短，及时调整教学方法和策略。

第六章 身心的协调发展
——以体育育人的学校实践

　　体育与健身是指在学校教育体系中,通过体育教育、体育锻炼和体育竞赛等方式开展的体育活动。作为学校教育体系中的一部分,学校体育具有多种育人功能和价值:①体育活动能促进学生的身体健康。体育活动可以帮助学生锻炼身体,增强体质和免疫力,预防和改善许多健康问题,如肥胖、心血管疾病、骨质疏松等。同时,体育活动还可以促进学生的新陈代谢,消耗过剩能量,使学生保持健康的身体状态。②体育活动能增强学生的自信心和勇气。体育活动需要自信心和勇气,尤其是在竞技运动中。在体育比赛中,学生需要发挥自己的实力和技巧,面对挑战和困难,赢得比赛的胜利。这种挑战和胜利可以增强学生的自信心和勇气,帮助他们更好地面对生活和未来的挑战。③体育活动能培养团队合作精神。体育活动需要团队合作精神。在团体运动中,学生需要与队友配合,协同作战,共同获得胜利。这种合作可以帮助学生学会与人相处,提高团队意识,增强团队精神。④体育活动能促进学生的思维和创造力。体育活动需要学生进行各种战术和技巧的训练和实践,这需要学生进行思考和创造。在体育活动中,学生需要思考如何更好地使用技能和战术,发挥自己的最佳水平。这可以帮助学生发展和提高智力和思维能力。⑤体育活动能促进学生情感和人际交往。体育活动可以帮助学生与他人建立良好的情感和人际关系。在体育活动中,学生可以与他人交流、竞争、合作,了解他人,建立友谊和信任。这种情感和人际交往可以帮助学生更好地适应社会。

　　多年来,学校在体育大专项建设、围棋特色教育、心理健康教育等方面开展了卓有成效的实践。学校在体育方面的实践中,通过体育大专项建设,积极推进体育教育的发展。体育大专项建设是一种针对学生体育特长和爱好的培养计划,它有助于发现和培养体育方面的优秀人才,提高学生的体育素养和竞技水平,同时也可以促进学校体育教育的全面发展。

围棋是中国传统文化的重要组成部分,也是张堰地区的特色教育。学校围棋特色教育可以促进学生的思维发展和智力提高。通过围棋教育,可以培养学生的创新能力、逻辑思维和分析能力,同时还可以让学生集中注意力,培养耐心,有助于学生全面发展。

心理健康教育是学校教育中不可或缺的一部分,它可以帮助学生更好地理解和管理自己的情绪、情感和行为。在心理健康教育方面的实践中,学校可以为学生提供相关的知识和技能,帮助他们更好地应对生活中的各种问题和挑战。同时,心理健康教育还可以预防和减少学生的心理问题和疾病,促进学生的身心健康。

第一节　体育专项的因材施教

现在的高中生有独立的认知能力,能清晰地表达对体育锻炼的需求:渴望有独立的活动时间和空间,渴望有过硬的运动技能,渴望有展示运动能力的平台。专业化教学模式,毋庸置疑,在满足学生兴趣爱好需求方面有很大优势,特别是在帮助学生养成锻炼习惯,促进学生长期参加体育锻炼方面,有着明显的效果。近年来,学校曾先后被命名为:全国青少年校园足球特色学校、上海市校园篮球联盟学校、上海市体育项目(曲棍球)特色学校、金山区体育传统项目学校、金山区体教结合布局学校(女子曲棍球)。学校运动场地有足球场、篮球场、排球场、羽毛球场、曲棍球场和室内体育馆。

在市教委和上级主管部门领导下及校领导的关心和支持下,我校实施高中体育专项教学,开设了每周两节 80 分钟的专项课程和一节非专项教学课(2+1),由此我校也成为金山区第二批参与专项化课程改革试点的学校。体育组内积极学习体育专项化改革精神,结合我校实际情况,制定了学校实施这项工作的方案。以高一年级为试点年级(8 个班级,320 名学生),参与专项化试点改革;以 4 个行政班为一个教学单位,每个专项班人数控制在 25 人左右,开设了篮球、羽毛球、排球、足球、田径、健美操、曲棍球等 7 个专项。截至目前,我校已经进行了 4 年的专项体育教学,同时每周安排大课间休息和一次活动课来满足学生需求。各专项竞赛在充实学生学习生活之余,也很好地检验了平日专项化教学的成果,确保学生"每天运动一小时"。在普及的基础上狠抓提高,不断提升学生体质健康水平,培养合格的体育人才,使学校体育工作再上新台阶。学校充分意识到体育专项训练的重要性,体育专项教学成了学校教学改革的重要组成部分。高中阶段,学校除了向学生传授文化知识外,还培养学生的社会适应能力,注重生活教育和道德教育,为学生未来的发展打下良好的基础。专项体育教学是让学生专注于一两项运动,深入学习,在学习的过程中体验运动带来的快乐,并能够利用这项运动达到终身体育锻炼的目的。学校充分认识到教育对学生未来可持续发展的长远影响,夯实学生发展基础,努力探索全方位培养学生能力的途径和方法。

体育专项教学可以满足学生的需求,促进教师的发展。从事专项教学的教师必须重新定位自己的专业水平,努力提高自己的专业素质以适应相关教学,通过不同的渠道提高自己的体育理论知识,从而提高自己,发展自己,促进教师自身的专业化发展。

体育专项教学促进了办学育人的整体工作。校园文化建设是一所学校良性发展的重要标志。形成正确的体育锻炼价值观,营造良好的体育锻炼氛围,养成科学的体育锻炼习惯,是学校体育的重要职责。拓展体育课堂教学的外延,只有充分发挥学校体育的综合功能,才能真正为学校的整体发展服务。专项化改革无疑是推进校园文化建设的一大契机,让我们重新审视学校体育整体发展的构建,通过体育专项化改革,尝试带来一种新的校园体育模式,进而推动整体的办学育人的工作。

根据上海市高中阶段体育专项教学的要求,我校从试点起,就从高一年级开始实施,直接由学生在 4—6 个项目中选择并确定兴趣项目,进入专项教学,并在高一年级执行专项模式。从现有的班级状况来看,按项目可分小班教学(25 人左右)。在同一个时间段安排 4 个教学班上课,按目前每个教学班 40 人计算,共 160 名学生。把 160 名学生按专项分成 25 个人左右的小班,即分为 6—7 个小班,分布在 4—6 个项目上,每个小班由一名专业教师负责进行专项教学。根据学生的兴趣爱好和选项意愿进行全面的调查和分析,并结合教师的知识能力结构以及学校现有的体育资源,以"健康第一"的指导思想为确定教学内容的基本出发点,以学生的身心发展和爱好为基础,坚持健身与文化相结合、科学性与可接受性相结合的原则。

与常规体育相比,专项体育教学更注重终身体育意识和能力的培养,注重学生学习能力的提高和体育习惯的养成;更注重项目的确定和教学内容的选择,注重学生的学习兴趣和项目锻炼的价值;更注重技能的掌握,注重学生在高中掌握一两个项目。任课老师在专家的指导和同事的帮助下,通过自身的努力,完善知识体系,提高对教材的处理能力;强调技能学习,提高动作的规范性;研究教学方法,加强专业学习,提高辅导效果。这一切都有利于更好地进行体育专项教学。

高中体育专项化教学改革是对学校教育教学产生全面影响的实践探索。在学校领导的支持下,体育教研组与教导处、总务处一起助力专项化改革:教导处全面调整了学校课表,最后决定上课时间固定在每天上午和下午的最后两节课;总务处积极配合体育场馆重建,添置教学设备,保证教学顺利实施;对于增加的体育总课时,学校拨专款支持改革工作;体育教研组制订计划,及时收集和讨论专项教学实践经验,定期学习,以实际行动推进课程改革。

在实施前,学校结合场地、器材及师资情况进行"学生感兴趣项目"的问卷调查。学校根据师资、学生、场地、设备等情况,确定可开设的项目,分配各班参与人数和教师名单;发放自选课程意愿表,学生可根据高一课程的设置自行确定选项;回收学生的愿望清单选项;根据项目设置、教师数量、设备情况,确定教学方法。如果参加同一个项目的人多,会进行专项技能的初试,然后根据初试的结果,对项目的不同等级进行调整和分班。控制选修课的人数,可以在征求学生意见的基础上进行适当微调,尽量让学生满意,尊重他们的选择。学期结束后,学生可以根据老师指导的要点,结合自身情况和发展需要,重新确定自己的选择意向。必要时,他们可以与老师、同学或家长交流,征求意见。

同时,学校设立领导小组,创设工作机制,统筹规划学校体育专项化教学改革,制定相关评价、管理制度,统筹安排经费投入,为学校体育专项化改革创设良好的发展氛围。

自我校实施体育专项教学以来,学生在教学实践中的表现有了明显的变化:①学习态度积极,参与实践的程度增强。由于项目是自己选择的,也是自己爱好的,学生学习都比较认真自觉。②有了明确的学习目标,学生对技战术的掌握有了更高的要求。从课堂表现来看,学生积极主动,求知欲有了很大提高。③学生学习专项的心理和情绪发生了很大的变化,主动学习的同学经常向老师请教技战术知识,了解运动生理学知识,当有大强度、大运动量时,学生并没有产生无力应对的负面情绪,而是情绪高涨,相互鼓励、相互帮助的合作意识逐渐体现出来。④在教学中,专项技术进步很大。学生对专项技术非常重视,保持了学习和练习的积极性,提高了掌握技术动作的水平和能力。

同时,教师的能力也得到了提升。对于承担体育专项教学的教师,无疑是一个重新学习的过程:要求教师重新学习和提高某项运动技术的系统教学技能,了解学生的实际情况,采取多种教学方法,提高和保持学生的学习兴趣,达到教学效果。可以说,专项教学是师生共同学习和提高的过程。教师的发展是在帮助学生健康成长的基础上完成的。帮助教师提升业务,需要一个系统的培训平台,不能只靠教师自己的摸索。

体育专项教学试点以来,承担教学的教师发生了明显的变化。教师积极研究教材、学生和课堂,在专家的指导下,及时分析教学活动中的情况,积极改进教学方法和手段,努力提高教学效率。教师的教学也更加专业,以前中学体育老师需要一专多能,对体育专项了解不多。现在专项教学更注重"一专"。教师根据自主选择进行的教学,需要更加专业化的知识来支持,这就激发了教师的学习积极性。教师主动查阅相关体育理论知识,自费购买相关体育书籍,利用业余时间做个人练习,提高专项教学能力。

教研组对专业课进行分析讨论,从教学原则的确定、运动技术的分析、课程结构的合理性等方面进行逐项研究,鼓励大家积极发表个人见解,最终统一认识,在实践中尝试,再进行反馈改进。在一次次的教研活动中,活动的价值得到了充分的发挥,教师的自身价值得以实现。基于项目技术动作的形成规律、学生的年龄特点、兴趣爱好,马力尚老师还编制了《篮球》校本教材。学校根据学生技能水平的掌握情况,对篮球专项班进行了分班分层教学,设立篮球基础班和篮球提高班,针对学生个体的掌握情况差异,对不同的教学层次提出相应的教学目标和要求,运用不同的教学方法达到体育教学的最终目的。在学生合理分组分层的基础上,实行分层备课、分层教学、分层训练、分层辅导、分层评价。

学校严格按照上级部门关于落实体育教师工作待遇有关文件的精神,落实相关工作要求。在专项课程安排、工作量核算、加班补贴等方面都给予了充分支持,体育教师开展专项教学、训练、大课间活动、外出带队比赛等都计入工作量。

学校还根据高中专项化开设课程的需要,完善了体育硬件建设。根据体育专项教学实践,配备各类体育教学、课外活动的运动训练器材,每年及时更换和维护相关器材。学校体育教学设施配备齐全,充分满足了师生对体育锻炼的需求和不同体质学生的多样化需求,保证了专项教学的有序开展。同时,学校制定了《学校体育器材的管理制度和补充机制》和《学校体育场地(场馆)管理制度》,对专项教学在我校的良好开展起到了积极的推动作用。

学校进一步意识到,既要关注学生体质的发展、技能的提高、兴趣的培养,也要关注学生的品德修养。我们的目的是培养合格的社会人,要关注学生道德意识、价值观的形成,在专项教学中如何利用运动项目的特点,培养学生正确的价值观、人生观是我们要进一步思考和实践的新课题。

第二节　围棋教育的益智励志

围棋是一种源自中国的策略性棋类游戏,起源可追溯到公元前 2000 年左右的古代中国。在中华传统文化中,围棋是极为重要的象征,代表着人类智慧领域的最高荣耀。作为人类文化史上的一个瑰宝,它不仅是一个民族精神文化的缩影,更是一门能够启迪智慧、陶冶情操的艺术。从尧帝教授其子学弈开始,弈棋便成了一种内涵丰富的文化形式,经久不衰的围棋因其蕴含着丰富的人生哲学而延续至今已有四千多年。

围棋运动有其独特之处,一是规则简单却变化无穷。围棋规则相对简单,但是在实际操作中却有无穷的变化。因此,围棋被称为"智慧的游戏"。在一局围棋中,每一步棋都会影响到整个局面的变化,需要玩家具备高度的战略思维能力。二是强调棋子的地位。围棋的规则强调棋子的地位,即在围棋中每个棋子都有自己的生死,围棋中的棋子是战斗的主体,而围棋的胜负也是由棋子的生死决定的。三是考验整体性思维。围棋注重整体性思维,即对整个棋盘的局势的判断和把握。围棋中,每一子的下法都应该考虑到整个棋局的发展,而不是局限于单独的一子。四是强调人际交流和智慧积累。下棋过程中,玩家需要和对手进行交流和互动,而在长期的学棋中,玩家也需要不断积累自己的棋艺和经验。围棋作为一种兼具娱乐性和教育性的游戏,积累了人类的智慧,在世界范围内拥有广泛的群众基础。

在围棋中,弈者们能够深刻感悟到人生的真谛。一局跌宕起伏的围棋不仅是一项高级的智力体育竞技活动,更是对个人智力的挑战和对意志的磨炼。围棋对身心健康有着极大的裨益,并且在哲学、文学、数学、军事、教育、艺术等领域都有广泛的应用。因此,学习围棋文化、探寻弈道,不仅能够提高个人综合素质,还能够陶冶高尚情操,培育高雅气质,塑造完美人格,具有非常重要的现实意义。

在"强素质、创特色、树品牌"的教育发展形势下,金山区根据实际情况,提出了打造以"琴、棋、书、画"为特色的区域课程。张堰中学的围棋历史源远流长。张堰中学的前身——私立浦南中学的创办人之一、著名书画家白蕉,据说是当时浦南地区的围棋高手。20世纪80年代,受中日围棋擂台赛的影响,张堰地区掀起了一股围棋热潮。张堰镇文化站成立了一支围棋队,经常组织各类围棋比赛和活动,学校内外围棋越来越受欢迎,张堰中学的一些老师也喜欢在业余时间以弈棋为乐。90年代开始,学校成立了围棋兴趣小组,每周两节活动课。1997年,在上海市中学生运动会上,学校围棋队荣获上海市郊区组团体第一名。近二十多年来,在教育局的总体布局下,通过历任学校领导的大力推进,以"心连心"联谊活动等形式积极推进张堰地区中小学教育教学改革资源共享、互动发展,初步形成了张堰幼儿园、张堰小学、张堰二中、张堰中学四校联手的围棋普及教学和一条龙特色,张堰中学被誉为"龙头"学校,在张堰地区围棋各项活动中发挥了很好的带头作用。2008年,学校组织教师编写了围棋校本教材,并于2009学年将围棋引入课堂,成为高一年级每个学生的必修课。"以棋励志、以棋益智、以棋怡情、以棋养性"逐步成为张堰中学师生的共识。近几年来,学校围棋队在胡弟权老师的带领下,参加区、市级围棋比赛,获得了不少出色的成绩。

围棋有着独特的育人功能,主要体现在:首先,围棋讲究大局。双方对弈,弈者端坐棋盘两侧,两眼就要通观全局。布局要均衡,要从大处着手,不能偏执于一方,实地与外势要互相呼应;中盘战斗要全盘考虑,数子被围,不能意气用事盲目出逃,该弃则弃;觑见小利,不能为其所诱盲目追杀,而无端地导致大局落后。其次,围棋需要的是勇敢和坚韧。不敢拼搏,棋未已而斗志无,即使有万种机会,也不会被发现。

近年来,学校积极探索围棋活动与教育教学工作的结合途径,探索对高中学生的围棋最佳授课方式及在短暂时间内怎样使学生快速入门围棋、喜欢围棋,并从围棋中尽可能多地汲取养分和感悟人生哲理。我们以"五育"并举为指导思想,充分发挥团结协作精神,形成合力作用,努力捕捉学生学习的兴奋点,提高学习兴趣,挖掘学习潜力,激发学习动力,逐步形成以提高学生综合素质为目标的围棋特色教育。以校园围棋文化为切入点,创设浓厚的校园围棋文化氛围,让学生在围棋文化的熏陶中成长,依托围棋文化的深厚底蕴,逐步养成谦虚、礼貌、自信、自强、不自傲、不气馁、积极进取等优良品质。

2021年,在多年实践的基础上,学校申报了"基于学校围棋特色课程下以棋育人的实践研究"课题项目,作为"开掘传承围棋的育人功能,培养青少年民族精神的实践研究"的子课题,被列为中国教育学会教育科研规划课题。通过研究,首先要积极探索围棋活动与教育教学工作的结合途径,创设浓厚的校园围棋文化氛围,形成学校围棋文化教育的实施体系,使博大精深的围棋文化得到有效的传承和弘扬,让学生在围棋文化的熏陶中成长,依托围棋文化的深厚底蕴,托起明日的人才之星。其次要深化、挖掘围棋的教育功能。要下好棋,则必须掌握规则,始终要以充分发挥子力的协同作战能力为指导思想,审时度势,着眼全局,分类讨论,精确计算,权衡利弊得失,见招拆招,灵活应变,这是每一位好棋手所必备的素质,更是一位将才所必备的素质。正因如此,对弈双方的每一步棋都无不考验着当局者的综合判断能力和决策能力。我们以围棋课程为载体,启发智慧,增强记忆,培养顽强意志,促进学生个性化发展。

附:学生学棋的感悟

围棋的魅力

高三　王子健

窗外细雨蒙蒙,室内相顾无言,楼下池塘边的蛙叫声显得格外清晰。

黑板上残留着字迹,空气中弥漫着粉笔灰,一群人围坐在一桌前,屏气凝神,眉头紧锁,默默分析着场上的局势与棋局的走向。

每周五的兴趣活动,必定是我们思想的狂欢,棋道双修,棋虽小道,品德最尊!围棋教学的初衷之一便是提高学生的自我修养。在短短的两节课里,不论棋艺之高低,大家都在感悟着动与静的相互融合,在棋盘上,一手一手与对手交流着,分析揣摩着对方的心理,锤炼我们的思维,这便是手谈,喜、怒、哀、乐、愁尽在这方圆间展现出来。

与此同时,在学棋的过程中,我们也能在对弈中悟出许多深刻的道理。人们常说:"棋如人生,人生如棋。"下围棋,从小养成三思而后行的好习惯,落子无悔。人生百态亦是如此,覆水难收,以往成历史,世上没有后悔药与回头路。围棋对弈,对弈双方是在不断地解决问题和抛出问题,故须谋定而行。棋局越复杂,则其分类探究的计算量就越大,以大局为重的取舍也越难,攻防的取舍与灵活的交换是至关重要的,有舍才有得,会舍才会得,舍得之道乾坤奥妙。棋局犹如大千世界,有简单易懂的定式招数(专业术语为普通一手),也有复杂难缠的对杀,在其中考验着对弈双方探求"和或战"这二者的平衡与和谐,如同在现实中一样,格局决定走向。

时间在不经意间悄悄地溜走了,经过五分钟的长考后,一粒黑子轻快地落在了一个不起眼的交叉点上,随后,扳、点、刺、并、肩冲等手筋频出,闪转腾挪,大势已定……

这便是围棋的魅力!

第三节　心理健康的集体守护

学校心理健康教育旨在促进学生的全面发展,提高他们的心理素质和适应能力,预防和减少心理健康问题的发生,为学校和社会的可持续发展做出贡献。一直以来,学校注重心理健康教育的开展,为学生创造一个更好的学习和生活环境。在学校的心理健康教育中,学生可以学到如何意识到自己的情绪变化并采取合适的措施来调节情绪,提高自己的情绪管理能力。这将有助于学生更好地应对日常生活中的挑战和压力,使其更加自信和稳定。通过心理健康教育,学生可以了解和认识到许多常见的心理健康问题,如情感问题、自尊问题、焦虑和抑郁问题等。学生将学会如何寻求帮助和寻求支持,以及如何建立积极健康的行为和态度。心理健康教育可以帮助学生改善人际关系,学会积极的沟通方式。通过这种方式,学生可以与同学和老师建立更好的联系,更好地适应校园生活。通过心理健康教育,学生将学会如何更好地管理自己的时间和情绪,从而更好地掌控学习和生活。这将有助于提高学生的学习成绩和生活质量。通过心理健康教育,学校可以更好地关注学生的心理健康问题,更好地解决学生的困难和问题,从而帮助学生实现更加全面、健康的发展。

2002年,教育部颁发了《中小学心理健康教育指导纲要》,对学校开展心理健康教育提出了明确的指导思想、目标任务、主要内容、途径方法和组织实施。同期,上海市教育改革全面展开,为心理健康教育与学校教育教学工作的有机整合提供了契机。

学校把心理健康教育作为培养学生人文精神的一个重要板块,认为健康的心理素质是实施素质教育、培养人文精神的基础,非常重视心理健康教育。学校以《中小学心理健康教育指导纲要》作为开展心理健康教育的指导性文件,以发展性心理辅导为重点,把"塑造健全人格,提高学生的心理素质"作为实施心理健康教育的总体目标,广泛开展各类心理健康教育活动,宣传普及心理健康知识,营造良好校园心理氛围,引导学生自我探索,提升学生自助互助能力,促进学生健康成长。学校于2011年被授予"金山区学校心理健康教育达标验收优秀学校"的称号,2015年成为上海市中小学心理健康教育达标校,并于2017年通过达标校复验,2022年被评为第二届上海市金山区学校心理辅导协会先进集体。

经过多年的努力,学校建立起比较完善的心理健康教育体系,制订相关教育计划,包括心理健康教育的课程设置、教学大纲、教学方法和评估标准等,建立心理健康教育管理机制和师资培训体系,确保教育实施质量。学校加强心理健康服务的建设,通过建立心理咨询室、心理热线等方式,提供学生个性化的心理健康服务,及时发现和解决学生心理健康问题,促进学生身心健康发展。学校还注重打造良好的校园文化氛围,营造积极向上、互相尊重、关心关爱、和谐稳定的校园文化氛围,帮助学生形成积极、阳光的心态,增强学生的情感体验和人际交往能力。同时,积极推进家校合作,鼓励家长参与学校心理健康教育,通过家长会、家访等渠道加强家校合作,提高家长对孩子心理健康的关注度和支持度,共同促进学生的身心健康成长。

学校有完善的心理健康教育组织架构,成立心理健康教育工作小组,定期进行工作研讨,分工明确,有条不紊。校长担任组长,德育分管领导担任副组长,主要机构为:政教处、教导处、总务处、科研室、家委会,以及"水梦家园"心理辅导中心。政教处管理年级组、班主任、导师团队,统整心理辅导中心工作;教导处通过教研组建设,使心理健康教育的理念渗透在学科教学中;总务处负责心理健康教育硬件设施的维护;科研室指导教师进行心理健康教育的课题研究;心理辅导中心包括专兼职心理教师、心理委员、聆心社成员。同时,建立学校、家庭、社区心理健康教育网络和协作机制。以学校为主体,带动家庭教育,联动社区资源,对心理危机学生做到及时干预,整合协作构建有利于学生发展的心理健康教育网络。各部门、机构组成了一支完善的心理健康教育团队,合力作用于学生和家长,将心理健康教育落实、落细。

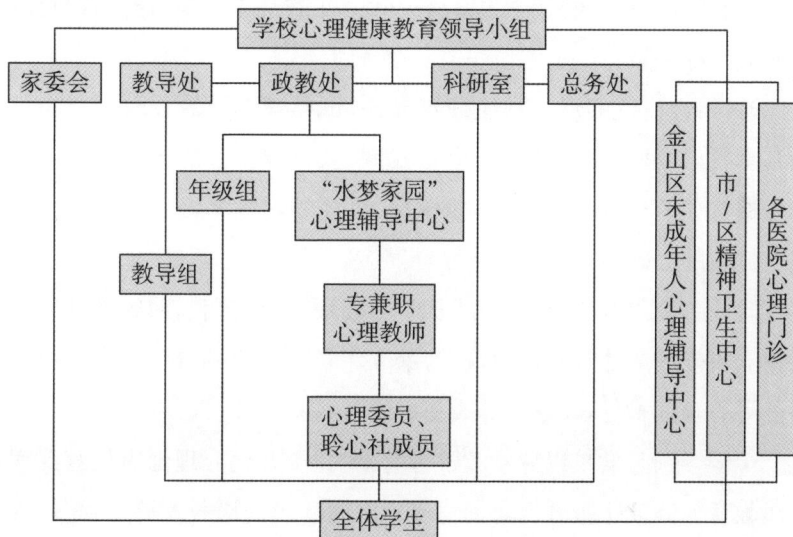

图6-1　学校心理健康教育组织架构图

目前学校拥有一位专职心理教师,毕业于上海师范大学应用心理系,且持有上海市学校心理咨询师中级证书以及国家二级心理咨询师证书;此外,还有一位兼职心理教师,拥有上海市初级学校心理咨询师资格证。这保证了我校心理健康教育团队人员的充足性与专业性。

在心理辅导硬件配置方面,学校建有"水梦家园"心理辅导中心,占地面积163.25平方米,投资约26万元,位于教学楼五楼,设有资料阅读区(内设相关心理书籍)、办公区、团体辅导室(内设团体辅导活动器材、音乐光盘等)、个体辅导室、沙盘室、宣泄室(内设宣泄器材)、放松区、测评室(安装了中学生心理测评软件)等区域。

学校坚持心理健康教育面向全体学生,积极开展心理健康教育研究,开发学生心理潜能,提高全体学生的心理素质,培养学生积极向上的心理品质和心理健康发展的个体品质与群体气质。学校根据不同阶段学生的认知特点和成长规律,结合高一养成教育、高二责任教育、高三感恩教育,形成高一、高二、高三分阶段的目标体系、操作体系、评价体系,确立心理健康的分年级重点,通过课程设置与多种形式的活动来达成心理健康教育的分层目标。

高一阶段:以社团课的形式从交往心理辅导(包括师生交往、家庭交往、同学交往、异性交往等)等方面,让学生掌握人际交往的基本原则与技巧,与身边的人保持良好的人际关系。

高二阶段:以讲座的形式从生涯辅导、考试心理指导等方面,完善心理健康教育的基本常识,进一步让学生学会自我调适、自我锻炼的方法,提高自主管理能力和人格修养的自觉性,克服学业倦怠,提高学习效率,形成良好的学习和行为习惯与健康的心态。

高三阶段:以心理辅导课的形式从学习心理、认识自我、情绪管理等方面,帮助学生树立正确的成才观和价值观,为踏入大学做必要的准备。同时,加强对学生高考复习心理的指导,让学生养成良好的考试心态。

自 2018 学年起,学校以课堂教学为基础,扎实开设心理健康教育课程,抓实心理健康教育。高三年级开设每周每班一课时心理健康教育课程,高一、高二年级定期开展学生心理系列讲座、心理主题班会课、主题教育课等。学校还开设心理社团"聆心社",以心理剧为主题,每周两课时。在社团活动中,同学们积极投入,创作完成了《出"奇"不意》等心理剧作品,完成了很多自我成长的表达性艺术辅导作品,以及一些心理技术体验。同时,学校每学年开展"心理月"活动,包含海报制作、涂鸦墙、讲座、主题班会、打卡活动、团体辅导、线上线下心理宣传活动及案例督导、研讨活动等丰富多彩的活动。此外,还会定期开展对学生、老师及家长的心理健康知识普及讲座,依托各年级德育分目标开展校外实践活动等,并打造了感恩、成人仪式等传统项目,充分体现了学校心理健康教育活动的多样化。

2018 年起,每年的 3 月为学校的心理健康教育活动月。学校根据每年上海学生心理健康教育发展中心关于组织开展上海市学校心理健康教育活动月,以及金山区开展的心理健康教育活动月的主题,将"表达性艺术辅导"融于心理健康教育,开展了丰富多彩的上海市张堰中学心理健康教育活动月系列活动。2018年心理健康教育活动月《心临其境,助心成长》,结合了绘画以及校园心理情景剧;2019年心理健康教育活动月《晒心晴,悦心情》,结合了绘画和心情故事;2020年心理健康教育活动月《从心表达,重新出发》的线上心理活动,结合了曼陀罗的形式;2021年心理健康教育活动月《指间绽放,聆心成长》,结合了手指画的元素;2022年心理健康教育活动月《聆心表达,润心成长》,结合了扭扭乐元素,让学生以表达性艺术辅导的形式勇敢表达自己。学校历年的心理活动月活动都获得了金山区心理健康教育活动月优秀组织奖,2019年还荣获上海市心理健康教育活动月优秀组织奖。

第七章　美育的地域特质
——戏曲教育的先行先试

第一节　校园戏曲的育人价值

一、戏曲的艺术魅力和教育价值

中国传统戏曲历史悠久,具有独特的艺术魅力和深厚的群众基础,是继承和弘扬优秀传统文化的重要载体。地方戏曲具有鲜明的地域特色和民族特色,蕴含着丰富的历史文化信息。通过学习和了解地方戏曲,学生可以更好地了解中国传统文化,增强文化自信心,更加热爱中国文化。地方戏曲不仅具有深厚的艺术魅力,而且具有广泛的教育价值。我校结合江南文化小镇的特点,推广和传承地方戏曲越剧,促进戏曲艺术融入校园学习生活,让更多的学生受益。站在新时代艺术形式和交流形式更加丰富多彩的今天,我们更有必要在学校中重新发现和认识戏曲的艺术魅力和教育价值。

越剧是中国十大传统戏曲剧种之一,起源于浙江省嵊州地区,诞生于清末民初时期。其流行地区主要在江南一带,如浙江、上海、江苏等地。越剧是以女子为主演,声调柔和,旋律婉转动听,音乐和唱腔都十分优美。越剧舞台表现以细腻的情感、婉转的唱腔、轻盈的身姿、精致的服装、灵动的手眼为特点。越剧中女性形象尤为突出,多扮演文弱多情的角色,情感表现细腻,深刻地展示了女性的柔美和智慧。同时,越剧中的舞蹈也非常精彩,形式多样,技艺高超,极具有艺术性和观赏性。越剧在传承中国传统文化和推广国际文化交流方面具有重要的作用。它不仅反映了中国南方的地域文化和艺术特色，而且可以传达中华文化的精神内涵，深受海内外观众的喜爱。

越剧具有的文学价值、美育价值、教化价值、健身价值，它作为一个独特的艺术课程可以在学校生根发芽。

首先，文学价值深远。戏曲作为一门人文艺术，被历代文人继承和完善，历代知识分子凭借其时代特征、思想水平、人生阅历、文化素养和艺术追求，创造了绚丽多彩的戏曲文学，如关汉卿的《窦娥冤》、王实甫的《西厢记》、李开先的《宝剑记》、洪昇的《长生殿》、汤显祖的《牡丹亭》等，这些戏曲作品都体现了极高的文学水平，蕴含了深刻的人文思想和哲学精神。"戏曲进校园"为现当代学生学习和掌握中华传统文学丰富了途径。欣赏和学习戏曲是一个缓慢的过程。如果引导学生静下心来，走进戏曲的世界，会发现戏曲比流行音乐有更多优美的唱词和深刻的内涵。例如，在越剧《西厢记·长亭》中有这样一段唱词："碧云天，黄花地，西风紧，北雁南翔。柳丝长玉骢难系，恨不情疏林挂住斜晖。伯劳东去燕西飞，万水千山何日归。眼中流尽血和泪，心底还同未烬灰……此一去鞍马秋风自调理，顺时善保千金体。荒村雨露眠宜早，野店霜桥起要迟。你休要一春鱼雁无消息，我这里青鸾有信频须寄。"这首词表达了崔莺莺送张生进京赶考时的悲伤和担忧。它的文学性很强，有对偶句、排比句，有枯燥荒凉的环境，有恋恋不舍的爱意。这些优美的唱词包含许多典故，它不仅对刻画人物起到烘托作用，而且能够提升学生的文学素养。此外，中国传统戏曲中还有许多优美的曲牌和赋子等。在阅读长文被严重弱化的碎片化阅读时代，它们不仅带给学生听觉上的享受，也是在潜移默化中培养学生的文学素养。

其次，美育的价值显而易见。戏曲作为一种重要的艺术教育形式，在提高学生审美素养方面发挥着重要作用。"载歌载舞讲故事"是中国传统戏曲的基本特征。国剧大师梅兰芳曾说，中国的国剧融合了文学、音乐、美术、服饰、舞蹈等多种艺术元素，它是一门综合艺术。一场精彩的戏曲演出，需要演员、导演、舞者、服装、灯光、伴奏等艺术专业人员的智慧和才华。它刻画人物，塑造形象，渲染环境，营造氛围，触动人的视觉和听觉。观者结合个人经验和想象，将戏曲中的各种艺术元素和谐统一，从而提高审美主体的艺术水平和修养。戏曲思想可以直接或间接地反映现实生活中的大众意识形态,宣传主流思想。戏曲音乐是戏曲文化的重要组成部分,借助唱腔和伴奏的不同表现形式,展示不同地域的特色戏曲文化;借助宫调、戏曲音乐套数等结构方法,表现戏曲人物的内在变化,营造不同的舞台氛围。中国传统戏曲优美的舞蹈和服装增强了视觉震撼力。夸张写意的戏台布置,精致华丽的戏曲服饰,能为戏曲表演增添更多的艺术吸引力。同时,服装上的图案和花纹是相辅相成的,既给观众带来了视觉享受,又加深了观众对戏曲的理解。除了这些直观的审美感受,戏剧故事的情感性和思想性也会给人以深刻的艺术感染,使人从感性认识进入理性认识。

开展"戏曲进校园"活动,可以让学生沉浸在美的熔炉中,在体验"生、旦、净、丑"和学习"唱、念、做、打"的过程中,感受戏曲艺术的魅力,接受传统戏曲美的熏陶,获得全方位的美感,提高整体欣赏品位和审美素养,从而展现戏曲艺术在学生审美教育中的独特价值。

再次,教化价值潜移默化。戏曲艺术中蕴含的道德伦理思想来源于社会生活现实,并受其制约。在中国戏曲的发展过程中,虽然不同类型的作品有不同的审美观,但都蕴含着对天下兴亡的责任感,忠君报国、振兴中华的爱国情怀,崇德向善、见贤思齐的社会风尚,孝、忠、礼、耻的荣辱观,这些都是通过戏曲活泼自由的形式、优美动人的语言、感人至深的情感表达出来的,在宣传和弘扬中华传统美德方面发挥着独特的作用。再加上中国传统戏曲音乐的地域特色,通过对方言的创作、美化或艺术夸张,让人在听故事的同时感受到当地的口音和风味,从而满足人们对审美习惯的期待。因此,用歌舞包装的戏曲故事,在学生心中留下的印象比文字和语言深刻得多。戏曲艺术集中了主流的道德思想、道德文化和道德行为,在戏曲舞台的时空里展现出戏曲艺术对道德承载和传承的独特价值,在大力弘扬中华传统美德的今天,"戏曲进校园"显示出其对学生传承中华传统美德不可替代的德育功能。

在中国的音乐教育思想中,戏曲在思想性和艺术性的关系上,明确地把思想性放在第一位。如果不利于社会风化,那么再生动曲折的故事,再优美动听的宫调旋律,都不值一提。我们耳熟能详的《赵氏孤儿》《岳母刺字》《花木兰》《铡美案》等,都体现了符合时代特征的社会道德取向。同时,我们还应该看到,中国传统戏曲艺术正处于演变过程中,在"反对旧道德,建立新道德"方面,戏曲艺术演绎出丰富的德育资源。这些传统的音乐教育思想对今天的学校艺术活动仍然具有极大的借鉴价值。

最后,健身价值形神兼修。戏曲在艺术积累的过程中形成了一套完整的基本功和表演技巧。学生要想学习戏曲表演,首先要进行戏曲基本功的初步训练,即掌握和运用各种表演技术的基本功,包括练习唱念和进行形体训练,才能进行一场形象的舞台表演。戏曲的严谨结构决定了基本功训练必须循序渐进。在学校戏曲的启蒙教育中,学生的基本功训练往往是通过与简单的成品剧目训练相结合的方式进行的。学校可以根据学生的兴趣爱好和特长建立戏曲社团,寒暑假期间聘请专业院校和剧团的老师指导技法、步法、姿势等基本功和表演技能,让学生亲身体验戏曲表演。"四功五法",内外兼修,形神俱备,学生明白了"台上一分钟,台下十年功"的艰辛。戏曲基本功的训练能给学生带来端庄的形体,奕奕的神采,增进人际交往,增强人生自信,帮助学生养成健康的生活习惯。正如一位越剧院的老师说的,学过戏曲的孩子一看便知,男孩更加精神饱满,女孩越发亭亭玉立。戏曲是表达人类情感最直接、最纯粹的艺术形式,也是世界上最敏感的触及人类理想和情感的综合艺术。开展"戏曲进校园"活动,是培育和践行社会主义核心价值观的必然要求,是学校落实"立德育人"要求的重要举措,是增强青年学生道德自觉和文化自信的现实需要。让我们充分认识戏曲进校园的教育价值,携手推动优秀戏曲文化的繁荣发展,让它们代代相传。

二、戏曲教育的意义

越剧作为上海人民喜闻乐见的艺术形式,在表演中体现了"歌舞讲故事"、传播文明、传承文化的典型特征,它们共同构成了中华民族的精神命脉。学校开展"越剧进校园"活动,推动越剧艺术融入校园文化建设,将对越剧的振兴和学生精神文化的培育产生深远影响。

一是提高学生的审美素质。"笃鼓声声百年风雨,越音袅袅梨园璀璨",它是一种独特的文化形式,体现了中国传统文化的精髓,以其优美典雅的旋律、栩栩如生的人物形象、虚实结合的舞台造型、扣人心弦的故事,让高中生置身于美的熔炉中,在体验"生、旦、净、丑"和学习"唱、念、做、打"的过程中感受美的魅力,接受优秀民族文化经典的熏陶,营造"真善美"的校园艺术文化。

二是发扬中华传统美德。"文人之笔,劝善惩恶",越剧涌现出一大批人生哲学精练、思想内涵丰富的剧本故事,讲述精忠报国、追求爱情、谦恭诚信、孝顺忠信的故事,生动传达了中国传统文化正义、忠诚、善良、诚信、友善的崇高价值追求。在"越剧进校园"活动开展之前,大部分学生对越剧的态度是冷漠的,甚至认为它是"老土"的东西,喜欢越剧的学生寥寥无几。"越剧进校园"就是将优秀的民族传统文化根植于学生的成长经历中,让他们从不知道、不喜欢越剧,到逐渐喜欢听、喜欢唱、喜欢演,让越来越多的学生被越剧的魅力所吸引。这就是"文以载道,乐以载德"的育人过程,让我们的学生牢记自己的文化根脉,通过与越剧的"零距离"接触,深刻感受祖国传统文化的无穷魅力,树立文化自觉和文化自信。

三、戏曲教育的实践

学校在实践的过程中,通过创设越剧氛围、开设越剧课程、传播越剧文化、组建越剧社团,让越剧艺术滋润学生心灵。

首先,创设越剧的氛围。学校与上海越剧院合作,为学校打造了一个传播越剧艺术的平台。越剧院的老师们通过舞台表演、影视欣赏、情景再现等学生喜闻乐见的方式,向他们传递了一些具有文化内涵的经典越剧剧目,向学生宣传正确的文化价值取向,在校内营造积极向上的校园艺术氛围,让学生在交流学习中理解越剧的基础知识,形成欣赏越剧等剧种的文化生活习惯。学校每学期举办越剧文化讲座《越剧的雅韵》《越剧的唱腔》等,通过越剧专业老师的示范和相关专家的解读,引导学生加强对越剧艺术的理解。我们还通过校园广播播放越剧经典唱段,通过黑板报、广告牌介绍越剧艺术,组织学生参观越剧博物馆、越剧艺术学校、上海越剧院,参观台前幕后、演员化妆等,提高学生对越剧的认识,以一种微妙的浸润方式,激发学生的艺术感悟和文化探索。

其次,开设越剧课程。我们根据学生对越剧艺术的认识程度,制定了课程目标和校本课程内容计划表,纳入学生日常课程,成为学校课程教学的组成部分。我们提出了不同年级的越剧教学目标:高一(上)注重兴趣,让学生感受和喜欢越剧;高一(下)强调欣赏,让学生了解越剧发展历史,欣赏流派;高二重点学习演唱经典名段,让学生体验越剧舞台,传承越剧文化。我们还制定了越剧课程的考核指标,从"出勤率""过程态度""作业汇报"等方面对学生学习越剧的情况进行考核,纳入对学生的评价体系。在教学中,越剧艺术非常重视学生的体验。在学习越剧的过程中,积极调动学生的视觉、听觉、触觉等多种感官,为学生提供丰富的体验机会,让学生在体验中内化、积淀优秀文化。

再次,传播越剧文化,让越剧文化复兴。学生越剧交流活动是校园文化建设的重要组成部分。通过将越剧与学生活动相结合,可以与校园文化深度融合。学校在"世界文化遗产日"组织学生开展"越剧艺术文化周活动",举行作品展、主题班会、越剧服装设计比赛、越剧艺术知识竞赛等。越剧文化的传播是以各种活动为载体来实现的。我校越剧艺术教育积极走出校门,既能为社区提供丰富的艺术文化活动,又能宣传学校的特色教育,让社会了解和支持学校,为越剧的社会传播提供平台。学校结合教师节、校庆等庆祝活动,展示越剧教学成就。结合一年一度的"中秋韵南社情"校园文化艺术节等全乡重大社会活动,精心准备节目,展现越剧艺术,体现学校特色,让越剧在社区市民广场的舞台上唱响,向四面八方传播。

最后,组建越剧社团,让越剧艺术得到传承与发展。为了更好地传承和发展越剧艺术,教师在日常教学过程中善于发现有潜力、有艺术特长的学生,结合其自身发展意愿,及时选拔,组建学校越剧社团。

上海越剧院定期派老师到学校指导排练,我们也利用暑假时间组织越剧社团开展封闭训练活动。社团活动有健美班、白舞班、戏剧班。社团成员在"手、眼、身、法、步"的训练中,加深了对越剧的体验和对越剧艺术的感受。现在的学生普遍青睐歌词通俗易懂、节奏明快的音乐,而很多传统戏曲都有节奏慢、歌词复杂的特点。如何搭建传统戏曲艺术与现代流行音乐的桥梁,让更多的学生"坚持自己的歌",是当前越剧传播需要思考的问题。越剧院老师在社团教学中熟练运用《红楼梦》《聪明泪》《枉凝眉》《题帕三绝》等,通过改编的戏曲歌曲,拉近学生与越剧的距离,保持学生学习越剧的兴趣,发扬越剧的创新精神,让传统越剧的火种在现代学生中传播。

第二节　越剧教育的传习普及

　　国家教育部在 2016 年提出"大力推进高雅艺术、传统戏曲进校园"的倡导，2017 年四部委联合发布《关于戏曲进校园的实施意见》。在国家大力推动"戏曲进校园"的背景下，依据《关于金山区推进戏曲进校园工作的实施意见》，基于我校"人文立校、自主自强、多元发展"的办学理念，结合我校实际，开设戏曲课程，创建"越剧进校园"品牌项目，围绕"立德树人"的根本任务，坚守中华文化立场，传承中华优秀传统文化，坚持"'五育'并举、融合育人"的发展模式，充分挖掘戏曲的育人资源，加强戏曲通识教育，增进学生对戏曲艺术的理解和体验，引领学生树立正确的审美观念，培养高尚的道德情操和深厚的民族感情，推动学生德、智、体、美、劳全面发展。

　　基于学校办学特色，戏曲特色课程的融合育人目标从德育、智育、体育、美育、劳育等五个方面出发，分别体现出不同的发展要求。在德育方面，戏曲是国粹艺术，是优秀传统文化的代表。戏曲讲述中国道德故事，褒扬家国情怀，不仅帮助学生了解中国传统文化中立志、修身、治家等方面的内涵，形成正确的人生观、价值观、世界观，从而规范自己的道德行为，还能引人向真、向善、向美，可以更好地传承中国精神。在智育方面，戏曲表演有以虚为实、虚实相生的特点。学生在学习戏曲、参与创设情境、感受表演的意境和情感的同时，从做中学，从平面走向立体，从一维走向多维，从单一走向融合，培养创造性思维，体验人生，践行人生，提炼人生智慧。在体育方面，戏曲艺术不仅要有形体的"勇"，还要有内在的"慧"。戏曲内外兼修，形神兼备，增进人际交往，强化合作精神，增强生活自信，帮助学生养成健康的生活习惯。在美育中，戏曲艺术之美不仅在于形式，还在于对美与丑的正确判断，这就是戏曲理性思维之美。就劳动教育而言，戏曲根植于现实生活,传统戏曲的服饰和故事都来源于生活,传统戏曲的传播需要日复一日地传唱和发挥。学生在创作和表演戏曲的过程中,动手操作能力、意志力、劳动精神得到了提升。

学校从健全课程管理体制、明确课程实施目标、规划课程实施内容、强化教学师资力量、加强戏曲环境建设、开展多元戏曲活动等六个方面着手,促进戏剧课程的建设。

第一,在健全课程管理体制方面,学校成立戏曲教学课程组,党总支决策领导,政教处统筹管理,艺术老师组织实施,依托校本教材将越剧教学纳入日常艺术课教学中,每周一节,确保越剧教学正常开展。

第二,在明确课程实施目标方面,学校制定了越剧课程实施的具体目标和实施步骤。在第一阶段,学校通过通识课程普及越剧知识。基于高中年龄段学生身心发展特点,学校坚持培育经典文体传人的宗旨,遵循教育规律和技能形成规律,通过越剧校本课程和艺术课程,使教师和学生了解越剧,领悟越剧的博大精深;引导学生通过"越剧进校园"项目的推进,接受优秀民族文化的熏陶,创造"向真、向善、向美、向上"的校园艺术文化。在第二阶段,学校重点采取兴趣教育方式,学习与欣赏越剧。将戏曲教育与学生社团活动相结合,循序渐进地培养有艺术潜质的学生。以越剧社团中的艺术特长生为主,坚持以学生兴趣为出发点,将戏曲学习和越剧经典名段欣赏交互组合,在审美愉悦的艺术学习实践过程中逐步引导、培养有越剧艺术潜质的学生。在第三阶段,学校采用选拔教育,培养越剧特长学生。在寓教于乐、寓教于学、寓教于习的过程中,教师善于发现有潜力和艺术特长的学生,并及时将这些有特长的学生选拔到越剧社团中,注重对这些学生的特长培养。通过专业教师的精心培养,目前学校已经涌现出了一批在越剧唱演能力方面有特长的学生。

第三,在规划课程实施内容方面,基于学生对越剧知识的认识规律,学校制订了课程目标和课程内容进度计划。

表 7-1 课程内容

学段	学期	对象	课程主题	课程形式与内容		课程考核
高一	第一学期	所有学生	越剧赏析	讲座	一、越剧的历史与人文	1. 出勤率（30%）2. 参与性（30%）3. 作业（40%）（考核由班主任老师和上课老师共同完成）
					二、越剧的音乐与流派	
					三、越剧的文学与演绎	
					四、越剧的服饰与化妆	
	第二学期	所有学生	越剧赏析	讲座	五、越剧的舞美	
					六、经典剧目中的中国传统(1)	
					七、经典剧目中的中国传统(2)	
					八、经典剧目中的中国传统(3)	
		部分学生	越剧表演	社团	一、声腔基础	
高二	第一学期	部分学生	越剧表演		二、形体基础	

表 7-2 课程内容修改版

学段	学期	对象	课程主题	课程形式与内容		课程考核
高一	第一学期	所有学生	越剧赏析	艺术课	一、越剧的历史与人文	1. 出勤率（30%）2. 参与性（30%）3. 作业（40%）（考核由班主任老师和上课老师共同完成）
					二、越剧的音乐与流派	
					三、越剧的文学与演绎	
					四、越剧的服饰与化妆	
		部分学生	越剧表演	社团	一、声腔基础	
					二、形体基础	
			越剧装扮		三、越剧化妆	
	第二学期	所有学生	越剧赏析	讲座	一、越剧的舞美	
					二、经典剧目中的中国传统(1)	
					三、经典剧目中的中国传统(2)	
					四、经典剧目中的中国传统(3)	
		部分学生	越剧表演	社团	小生表演	
					花旦表演	
高二	第一学期	部分学生	越剧装扮		越剧化妆	

第四,在强化教学师资力量方面,学校结合实际,一方面,加大专家引领力度。上海越剧院为我校的越剧教学提供了充分的师资保障,国家二级演员沈倩老师和李萍老师承担戏曲教学任务。专业师资力量的配备保障了越剧教学的持续性和发展性。另一方面,加强校内师资培训。在越剧院的老师授课时,学校艺术老师进行辅助教学,熟悉教学流程、学习专业知识,成为越剧校本课程建设的后备力量,对今后戏曲文化与德育工作融合起到重要的传承作用。经过多年的实践和积累,他们逐步成为日常越剧知识普及的骨干力量。我校张媛老师编写了校本教材《清歌花越夜,雅韵满江南》,在传承经典的过程中,启发学生对美的思考,对人生的思索,对哲理的探究。

第五,在加强戏曲环境建设方面,学校积极营造戏曲文化氛围,加大专业场地建设,成立越剧传习教室,创设戏曲表演舞台,普及戏曲知识,展示学生演出作品,让校园氤氲着戏曲文化的味道,使学生置身其中,受到潜移默化的熏陶与感染。

第六,在开展多元戏曲活动方面,学校因地制宜开展多元戏曲活动,如开设普及越剧知识的文化讲座,越剧院沈倩老师每个学期为学生开设"越剧时尚芭莎"讲座,增强学生对越剧的认识;开展越剧主题实践活动,组织学生干部前往上海逸夫舞台观看经典越剧《红楼梦》,接触经典,品味戏曲艺术魅力;组织学生暑期越剧社团活动,朗朗越声,共同吟唱经典剧目;开展增强学生体验的夏令营活动,参加越剧院组织的"越韵寻源",追寻百年越剧,传承经典文化;组织学生积极参加各类越剧演出,校内外融合,丰富戏曲学习的经历。利用这些实践类、体验类、理论学习类的活动,为学生锻炼技能、加强交往、发展个性、完善人格提供舞台,对学生进行道德品质、身体素质、心理素养、义化专业和综合能力等方面的培养,充分激发天赋,促进学生全面发展。

第三节　越剧文化的导引辐射

　　学校成立戏曲教学课程组,由书记担任组长,政教处主任担任副组长,上海越剧院、国家二级演员沈倩老师和李萍老师分别作为普及越剧知识的讲座老师和传唱越剧的教学老师。专业师资力量的配备保障了艺术教育的持续性和发展性。同时,学校的艺术老师也为越剧院老师的教学提供辅助,她们在艺术课中对"戏曲进校园"项目的相关学习内容也进行了拓展教学。

　　课程组定期开会,研讨工作,调控教学。每学年学校工作计划中对戏曲教学、艺术社团活动提出新的要求,使全校师生明确目标和方向。

　　经过近年来的磨炼,一批批学生在戏剧表演上成长起来。2017 年 12 月,我校越剧社同学非常荣幸地参加了在上海大剧院举行的"'玉兰隽永,甲子辉煌'——纪念越剧宗师徐玉兰暨《红楼梦》首演 60 周年"的新闻发布会活动。学校也创设机会和舞台,让教师学有所得、学有所长,分别派张媛老师参加上海市戏剧特色学校教师培训班,派王华琨老师参加上海市中小学戏曲培训班。组织戏曲社团师生赴上海逸夫舞台观看经典越剧《红楼梦》,赴上海戏剧学院观看音乐剧《歌舞青春》,拓宽师生的艺术视野,提高艺术素养。基于学生对越剧知识的认识规律,学校制订了课程目标和课程内容进度计划,越剧教学成了学校艺术教育课程组成的重要部分。在普及的基础上,学校注重提高,成立了"越剧社团""话剧社团""舞蹈社团""器乐社团""合唱社团"等,挑选喜欢戏曲表演、有潜力的同学进一步训练。2017 年 7 月,越剧社学生参加"越韵寻源"夏令营活动。戏曲社团每周训练两次,有演出任务或比赛时集中排练,近几年参加各项市、区级比赛都取得了很好的成绩。

　　学校戏曲教学纳入学校条线考评中,有关教师带团训练每次有训练费,参赛节目获奖有规定的奖励。学校定期表彰艺术教育优秀教师和积极参加艺术活动、在艺术学习中取得优异成绩的学生。另外,学校每年还增加较多的服装、道具、音像资料的投入。

在多方面的合作与支持下,学校取得了若干荣誉与成绩,也发挥了学生的个性特长。我们充分依靠上海越剧院雄厚的资源力量,把戏曲教育办成学校特色,并逐步示范辐射,带动了张堰地区乃至全区的戏曲教育特色发展。金山区教育学院音乐教研员李朝阳老师以我校为基地,利用我校"越剧进校园"项目资源,对区内音乐教师进行戏曲文化的培训,让更多专业老师加入传承戏曲教学的队伍中来;同时,在区青少年活动中心和区教育局综合教育科的牵头下,张堰地区的中小学校长齐聚我校,共同商讨"越剧进校园"项目的区域性推动。所以,我校的"越剧进校园"活动不仅增强了戏曲教育的辐射力度,更有力地助推了金山区艺术教育事业的发展。另外,我校艺术团还多次受邀参加区广场主题宣传活动、社区群众会演、金山区第 33 届庆祝教师节表彰大会文艺演出等,受到主办单位和社会的好评。

学校的"越剧进校园"品牌项目建设,已在区域内形成了一定的影响力和辐射力,有力地助推了金山区艺术教育事业的发展,先后在各类演出比赛上获得佳绩,如获上海市学生戏剧节戏曲(小戏)高中组二等奖。学校组织学生参加上海大剧院举行的"'玉兰隽永,甲子辉煌'——纪念越剧宗师徐玉兰暨《红楼梦》首演60 周年"的新闻发布会活动,参加张堰镇团拜会演出,参加金山区团拜会演出,参加第 23 届全国小梅花荟萃活动,参加上海市学生艺术单项比赛金山区选拔赛,参加张堰镇"戏曲之夏"展演活动,参加金山区"胜日寻芳梨园行"戏曲夏令营活动等。

我们将继续积极探索创新戏曲文化与德育工作相融共生的模式,在今后的戏曲教学的实践中让学生近距离接触戏曲,系统学习戏曲知识,亲身参与体验,提升欣赏水平,对戏曲文化产生浓厚兴趣,学会从戏曲中获得感悟,在戏曲体验实践中增强意志力和团队合作精神,学会积极生活。学校着力培养复合型教师,坚持在戏曲传承中增强"五育"融合的有效性,打造一支具有一专多能、融合素养的特色教师队伍。学校还拓宽多渠道交流平台,通过区、市等平台,组织项目教师开展跨界交流活动,促进师资培训和交流活动的丰富性,使教师得到多元、专业的指导,从而更有效地落实"立德树人"的根本任务,推动素质教育的发展。学校在戏曲传承中培育学生的"哲学素养"。在戏曲实践中引导学生使用哲学智慧,教学生"想的方法""做的方法",以及"做人的方法",让哲学素养不仅贯通戏曲特色课程的发展,而且也贯通学生未来人生发展走向。

"传承传统文化"是当下返璞归真的重要蜕变。"越剧进校园"项目的实践活动,让学生在越剧的欣赏和学唱中培养鉴赏能力和表演才能,在戏曲的传承中增强民族自信心,提升审美素养,同时与德育相结合,"物化"德育内容,深化德育效果,开拓学校德育新阵地,为建设社会主义精神文明和社会主义和谐社会做出新贡献。

艺术教育为校园文化圈添了一抹亮丽的色彩,成为素质教育中一朵晶莹独特的浪花,在这条路上我们将继续前行,不断摸索,欣赏一路的戏曲文化之美景!

附:校外指导教师感悟

越剧美,润育感性素养
——谈谈越剧美育在张堰中学的实践
上海越剧院　沈　倩

2006 年,有一件事引发了我们上海越剧艺术传习所(上海越剧院)越剧推广团队的老师们重新审视自己的教学方式,而这件事也伴随着我们走过了六年,它就是"越剧美育"。在我们复兴中国传统文化的可喜形势下,科班传习越剧艺术对老师来说是熟悉的,而让越剧走进美育领域,无疑是陌生的。校园学生并非科班传习,而越剧美育教育方法更需要在实践中慢慢积累。

想来想去还是先得从美育教育相关书籍中了解"美育是什么"开始。那时的心情真的很忐忑,生怕自己找不到共鸣点。幸运的是,我在蔡元培先生《精神与人格》文集"美育"一篇中,深受下面两段文字启发:

"美育者,把美学之理论于教育,以陶养感情为目的者也。人生不外乎意志,人与人互相关系,莫大乎行为,故教育之目的,在使人人有适当之行为,即以德育为中心是也。故欲求行为之适当,必有两方面准备:一方面,计较利害,考察因果,以冷静之头脑判定之;凡保身卫国之德,属于此类,赖智育之助者也。又一方面,不顾祸福,不计谁,以热烈之感情奔赴之。凡与人同乐、舍己为群之德,属于此类，赖美育之助者也。所以美育者，与智者相辅而行，以图德育之完成者也。"

"吾国古代教育，用礼、乐、射、御、书、数之六艺。乐为纯粹美育；书以记述，宜尚美观；射、御在技术之熟练，而亦态度之娴雅；礼之本义在守规则，而其作用又在远鄙俗；盖自数以外，无不含有美育成分者。其后若汉魏之文苑、晋之清谈、南北朝以后之书画与雕刻、唐之诗、五代以后之词、元以后之小说与剧本，以及历代著明之建筑与各种美术工艺品，殆无不于非正式教育中行其美育之作用。"

我想，擅长抒情，具江南人文情态的越剧艺术将会是学生陶养感情、寓教于乐最好的载体之一。而蔡先生在文中提及的"乐为纯粹美育""元以后之小说与剧本，以及历代著明之建筑与各种美术工艺品，殆无不于非正式教育中行其美育之作用"，又瞬间映出了我对越剧艺术的自信。

于是，我和李萍老师带着"越剧美，润育感性素养"的目标走进了金山区"越剧美育基地"的第一所学校——上海市张堰中学。

张堰中学从第一年摸索式的越剧普及系列活动："寻根越剧"研学夏令营、"越趣讲堂"和"越剧社团"并行，到第二年的"越趣讲堂"和"越剧社团"，校方和我们剧院持续互动，不断改进教学方法。我们一起针对每届学生的群体性格、个体性格、学习能力来确定教学内容等级和要求，以求学员都能在舞台上展示不一样的"我"。这种成长，体现最明显的是在对四届越剧社团的教学经历中。

一、初尝成功的喜悦——记第一届越剧社团

第一届越剧社团的学生艺术素养整体突出，不过当时我们的越剧美育方向是"普及"，在摸着石头过河的第一年里，我们偏重于把越剧的综合样式感传递给学生，想着尽量不要上来就教专业唱段，用学生感兴趣的音乐去打开他们对越剧的认知。遗憾的是，我们的教学成果只体现在学生对越剧文化有了一定的了解，而在其学习成果的展示上还是略显不足。于是，第二年我们调整了教学目标，李萍老师给大家编排了一个节目《穆桂英挂帅》，学生看到自己英姿飒爽的装扮后，兴奋又自信，而带给她们最大的收获是部分考师范类学校的学生有了与众不同的才艺展示，为她们考入理想的大学提供了助力。这也让我们真切体会到，越剧美育给高中生综合素养锦上添花的喜悦。

二、行进路上的困境——记第二、三届越剧社团

第二、三届越剧社团的学生好像不太容易接受越剧，同样是先普及、后选拔

的教学方式,却很难在社团里把教学内容按计划进行,特别是面对第三届高一学生。通过生旦组两位主教老师的调查,我们发现学生会在"乐意接受、不完全接受、无意识接受"这三种内心状态下产生不一样的效果。乐意接受的群体毋庸置疑是专注、积极的学习态度;不完全接受的群体就会表现出懈怠、走神,关闭学习互动模式;无意识接受的群体会表现出认真在学,却无法消化与反馈。第一种学习心态是有益于老师教学计划顺利开展的,第二、第三种的瓶颈在于:越剧艺术需要由内而外的抒情,如果学生不打开内心的情感,不由内而外地喜欢越剧,就会影响越剧最突出的美——"柔"。这种现象让两位主教老师不断地反思:三年下来,每年学生的资质在变,那么是不是我们对只有一年半的时间接触越剧美育的高中生要改变已有的教学方式呢?

三、突破困境后的飞跃——记第四届越剧社团

越剧艺术是编、导、音、美、演集于一体的唯美抒情艺术,"四功五法"之"四功"可以表述为"唱、念、做、表"。对于已经有着独立思考能力、处于青春叛逆期的高中生们来说,打开她们的身心,解冻对陌生文化认知的屏障应该是我们教学的第一步。于是,我和李萍老师迎来张堰中学第四届越剧社团时,重新进行了教学安排。在我的小组中,将整个教学划分为三个阶段,第一阶段为破冰与声韵,第二阶段为形韵,第三阶段为情韵。

1. 第一阶段:破冰与声韵

"破冰"这部分的教学重点是观察学生对课程内容的情绪变化。"破冰"的课程内容安排是递进叠加,即第一堂:冥想+呼吸训练;第二堂:冥想+呼吸训练+瑜伽初阶21式;第三堂:冥想+呼吸训练+瑜伽初阶21式+越剧声韵;第四堂:冥想+越剧声韵。

整个阶段下来,这届学生和以往最大的区别是专注提高,活泼有余。从冥想中呼吸的稳定到瑜伽21式的坚持,学生不知不觉在越剧字韵练习中愿意打开口腔,接受了越剧舞台艺术语言的生涩,更时不时会问:"老师,我们什么时候能学身段啊?""身段式跳舞吗?"她们好奇、积极的神色让我感到欣慰。

2. 第二阶段:形韵

经过破冰阶段,形韵课给了我惊喜。当学生穿上了靴子、褶子,无论是走台步、跑圆场、运水袖,还是变队形,她们给我感受最深的,也是我最希望的一点做

到了：眼睛在我身上，耳朵在我话里，意识控制着情绪的游走。看着这一群身形资质并不比以往优秀的学生，我不由暗自感慨。戏曲艺术追求解放内心，打开身体。而对于这些从"美育"角度传授越剧艺术的学生，一招一式由情而生的越剧，放松她们的身心应是第一要素，其后才能渗入越剧的美感啊。

3. 第三阶段：情韵

情感在声腔、形体中的自然流露是对专业演员的基本要求，而在台上保持笑容，整个身体运动处于积极状态则是对社团学生的基本表演要求。这个阶段是遇到尴尬的，她们觉得自己在台上扮演男性，已经有了间离感，还要看是看、听是听、思是思、喜是喜，于是一致向我表态：太难了！我被这种坦率打动了，琢磨着怎么能刺激一下她们的内心呢。

有一次，学校大部分学生不在，我就安排社团学生在教室里打开窗户，向着对面高声演唱，并提出一个要求：把我教的唱段，想怎么唱就怎么唱，无所谓走音，更无关好听。那一刻，我看到这些学生的激动，她们从未放声高歌，当嘻嘻哈哈唱完四句后，竟然乐呵呵地回头对我说："老师，我们够了，让我们正常来一遍吧。"那一刻，我看到了越剧在青春里的悦动。

其实，这批学生留给我的记忆并不是优秀，但可贵的，也是我最在乎的，就是越剧美育带给她们的轻松、快乐、投入。记得八位同学要汇报演出《宝莲灯·宿庙题诗》之际，王昕宜同学咳嗽一月未见好转，很愧疚地对我说："老师，真对不起，我这样会影响整体演出的声音，舞台就上不了，我想这次在台下配合你，好好为大家做好演出后勤工作。"这份不离不弃的感动最终也化为了其他同学紧张的排练。课间休息时，开朗的同学都会调皮地笑着说："老师，你不要急，我们一定行！你不是说戏服很好看嘛，我们等着呢，就是妆要给我们也画得好看些哈！"那一刻，我似乎觉得没有遗憾。在最后一堂社团课上，我们坐下来交流教与学的心得。有的同学盯着我问："老师，我们是你历年来教得最好的学生吗？"有的说："老师，我的初中同学都惊讶，说我从来不接触艺术，完全一个理科女，竟然还能这样。"有的说："老师，我们暑假能来看你的戏吗？"有的说："一直觉得戏曲都是那样浓墨重彩的，现在觉得越剧还真的挺抒情，衣服好看，唱起来又是柔柔的。"

我始终记得她们眼眸间的光亮，也觉得在打开学生喜欢越剧的心门的同时，她们给予我的更多。这些年，从舞台到讲台，我仍然不能称为是一名专业的教育工作者,但是张堰中学越剧教学工作的稳步推行,每年的教学沟通,让我学到许多,成长许多。我的内心一直有一种声音:越剧美育,不仅仅是为了让每一个人都能唱得很出彩,更希望有更多学子在舞台上敢于抒发情感,释放自我。

最后,我想用张堰中学校长胡建明曾经和我交流越剧美育时说的心愿"文以载道,乐以安德"来表达我对越剧美育的信念——越剧美,润育感性素养。我们越剧美育的每一名老师都在努力着。

第八章 劳育的因地制宜
——亦知亦行的劳动教育

第一节 劳动教育的重要意义

马克思主义认为,劳动是人类生存和发展的基本条件,也是创造物质财富和精神财富的根本途径,同时也是实现自身价值和全面自由发展的重要手段。马克思主义的劳动观包括三个方面:①劳动创造了人类生存所需的全部物质和精神条件。劳动是人类生命存在和全部社会活动的前提,作为生命存在的人要解决吃、穿、住等生活问题,必须从事生产劳动,通过劳动改造自然、从自然中获取生活资料;在劳动过程中,人有目的地作用于自然界,利用劳动改变自然物的形态与性质,使各种原料成为人类生活需要的财富,从而满足人们的需要。②劳动是人类全部社会关系形成和发展的基础。人们在劳动过程中与自然界发生关系,也在人们之间结成了生产关系。③劳动是促使社会历史发展的根本推动力量。只有在劳动实践中,劳动力才能成为现实的、物质的能量。马克思主义认为,当人开始生产生活资料,即迈出由肉体组织所决定的这一步的时候,人本身就开始把自己和动物区别开来。在其现实性上,社会就是个人彼此间关系的总和。因此,在劳动过程中,人与自然、人与人之间的相互关系和辩证运动才能确定,才得以产生、实现和得到证明,而这种相互关系和辩证运动,是在劳动过程中表现出来的。最终决定社会发展的力量不是精神、意志、神灵,而是人的劳动实践。马克思主义认为,"在劳动发展史中找到了理解全部社会史的锁钥"。

加强劳动教育是贯彻新时代中国特色社会主义思想的行动落实。新时代中国特色社会主义思想是习近平总书记在全面深化改革开放和推进社会主义现代化建设的实践中形成和发展起来的科学理论体系,是当代中国马克思主义的最新成果,是全党全国人民必须长期坚持并不断发展的指导思想。新时代中国特色社会主义思想提出坚持以人民为中心的发展思想,不断满足人民日益增长的美好生活需要,不断促进人的全面发展。新时代中国特色社会主义思想强调,坚持以立德树人为根本任务,培养德、智、体、美、劳全面发展的社会主义建设者和接班人。劳动教育是实现以人民为中心的发展思想的重要内容。劳动教育可以满足人民对美好生活的物质需求和精神需求,提高人民的幸福感和获得感,增强人民的自信心和自豪感,激发人民的创造力和活力。劳动教育是促进人的全面发展的有效途径。劳动教育可以促进人的身心健康,培养人的道德品质,提升人的智力水平,陶冶人的审美情趣,锻炼人的劳动能力,实现人的自我完善和自我超越。劳动教育是以立德树人为根本任务的重要手段。劳动教育可以传承中华优秀传统文化,弘扬社会主义核心价值观,塑造时代新人风貌,培育社会主义建设者和接班人的理想信念、道德情操、文化素养、纪律意识。

开展劳动教育是落实社会主义核心价值观的具体表现。社会主义核心价值观是当代中国社会主义建设的指导思想和精神力量。社会主义核心价值观要求,建设一个以人民为中心的社会主义现代化强国,实现中华民族伟大复兴的中国梦。社会主义核心价值观倡导,培养一代又一代有理想、有道德、有文化、有纪律的社会主义建设者和接班人。劳动教育是实现国家富强、民族振兴的必要条件。劳动教育可以增强学生的国家意识和民族自豪感,激发学生的爱国热情和奋斗精神,培养学生的创新能力和实践能力,为国家的经济发展和科技进步做出贡献。劳动教育是促进社会公平、正义、和谐的重要途径。劳动教育可以培养学生的平等观念和法治意识,消除学生的优越感,增进学生之间的相互理解和尊重,形成良好的人际关系和社会风尚。劳动教育是提高个人品德、素质、能力的有效手段。劳动教育可以培养学生的敬业精神和职业道德,激发学生的学习兴趣和职业志向,提高学生的专业技能和综合素质,为学生的个人发展和职业规划打下坚实的基础。

第二节 树立"大劳动"的教育观

热爱劳动是中华民族的美德。我校积极贯彻《关于全面加强新时代大中小学劳动教育的实施意见》,准确把握高中生思想行为特点,结合学校特色,不断整合资源,构建新时代劳动教育课程,培养学生形成正确的劳动价值取向,养成良好的劳动习惯和具备与未来专业、职业相匹配的劳动技能和特长,促进学生德、智、体、美、劳的全面发展。

开展劳动教育的过程中,既有常规的劳技必修课,又有与学科的融合,如在语文、政治等学科进行劳动教育的内容渗透,还有融合多学科知识,分年级、分专题进行的劳动实践,如基于物理的电器维修、基于化学的衣物清洁、基于生物的家庭菜园、基于艺术的环境装饰等。结合学校越剧教育中的戏曲服饰、盘扣制作、戏曲头饰等课程,学生通过了解戏曲服饰的工具、原材料,学习与服饰文化相关的历史文化背景知识,与古代劳动人民产生情感上的共鸣。此外,劳动主题教育课全面融合学科劳动及日常劳动资源,培育学生劳动情怀,增强学校劳动氛围。

依托张中智慧之光实验室,开展芯片科技探究、仿真卫星制作、天象观察、机器人探究、生命科技探究、DIS实验探究等课程,培养学生科技劳动素养,理解劳动创造的价值,并在科技活动中探究志趣,明确职业选择。学校科技节以主题项目探究等形式,组织开展丰富多彩的科技劳动活动,如越剧节的节徽设计、"天文科技达人"比赛中自制水火箭、机器人竞速比赛、无线电接收任务等,增强学生的科技意识、科技能力和科学精神,提高学生对劳动创造价值的获得感。

我校积极开展形式多样的岗位劳动活动,组织学生开展学校食堂、宿舍、保健室等校内岗位实践,以及金山医院、张堰社区、枫泾古镇、爱心暑托班等校外岗位实践,将劳动教育和理想教育、生涯教育等相结合,为学生提供形式多样的劳动实践平台,树立尊重劳动和劳动者、热爱劳动的意识。结合节庆日,适时进行劳动教育,如每年五月开展"劳动月"系列主题教育活动,以"学雷锋日"为契机开展"劳动服务日"校园活动。同学们体验校园各类常规工作,为有序、整洁的校园生活奉献自己的力量,并从中感悟劳动的幸福。

五月是"劳动月",学生会面向全校学生开展"劳动创造美好生活"系列活动,从真实情境出发,以生活日常为切入口,开发生活劳动课程,夯实学校劳动教育的主要作用和家庭劳动教育的基本作用。通过开展家庭布置妙想、"爱生活,爱美味"学生烹饪评比大赛、节日给孤寡老人送祝福等活动,学生化身收纳能手,整理房间;化身厨师,大展身手;化身爱的使者,传递温暖,感受劳动的快乐。通过"温馨张中"系列之"温馨教室""温馨寝室",将劳动教育融入日常活动中,以劳育美;通过组织"包干区劳动""寝室劳动""班级劳动"等日常校园劳动,打造整洁校园,体验劳动的意义;通过"对话劳模"主题班会及征文比赛,学习劳模精神;利用"我身边的模范老师""我身边的模范家长""我身边的模范职工"等资源,开展专题班会活动,引导学生感受身边的劳动榜样的力量。"对话劳模"的征文比赛中,学生用语言记录身边的平凡英雄,在感受平凡而又伟大的劳动精神的同时,立志为社会奉献自己的劳动价值。

第三节　把握劳动教育的实践性

劳动教育必须通过具体的实践活动来落实,而实践活动又需要一定的空间和载体。我校除了常规的打扫教室、包干区、宿舍内务等劳动外,充分挖掘校内的园林、湖泊、边角地等地理条件和环境要素,设立校内劳动教育实践基地,结合学校特色创建,因地制宜开发成为学生劳动教育的宝贵资源,开展丰富多彩的劳动教育活动,提升学校劳动教育的品质。

劳动实践的过程,本质是一个外在实践与内在观念相结合的过程,是学生劳动价值观不断建构、深化的过程。我们通过系列实践活动,丰富学生最直接的劳动体验,帮助学生将劳动知识进行生产化和生活化的转化,既锻炼了劳动技能、培养了劳动习惯,又能让学生体悟到劳动创造物质财富、劳动创造美好生活、在劳动中实现个人的社会价值等思想,而这正是劳动教育的实践性所要追求的目标。

多年来,我校坚持以人为本,因材施教,因势利导,因地制宜,结合高中学生的年龄特点、兴趣爱好和学校需求,制定合理的劳动教育项目和内容。坚持德、智、体、美、劳全面发展,注重培养学生的劳动观念、劳动态度、劳动习惯和劳动技能,同时关注学生的思想情感、审美情趣和科技素养。坚持实践与理论相结合,注重引导学生在劳动中探究问题、解决问题、创新问题,将所学书本知识运用到实际中,将实际经验反馈到理论学习中。坚持校内与校外相结合,注重利用校园内外的各种资源和平台,开展多样化、多层次、多形式的劳动教育活动,拓宽学生的视野。下面的案例是我校以"劳动创造美好生活——我的'三分'责任"为特色,开展学校劳动教育实践活动,取得的良好效果。

附:上海市张堰中学劳动教育活动策划

一、指导思想

为了树立学生的劳动观念,培养学生的动手、动脑和生产生活实践能力,激发学生热爱劳动的情感,提高劳动本领,感受劳动乐趣,体验劳动价值,同时也为丰富学生的课余生活,提高学习积极性,让学生在劳逸结合中获得健康、全面的发展,学校开展"劳动创造美好生活——我的'三分'责任"劳动教育系列活动,进一步推动劳动教育的深化。

二、活动主题:劳动创造美好生活——我的"三分"责任

三、活动内容

(一)我的"三分林"

我校是绿色校园,贯彻绿色生态教育理念,打造以绿色生命成长为核心的生态校园环境,结合学校悠久的校园历史,让校园中的每一棵树、每一棵草都能述说校园故事。同时,立足于生命视野,用生态化思想进行教育,让学生认识自然、尊重自然、顺应自然、保护自然,在美丽生态校园环境的熏陶下,引导学生参与实

践,感悟生命的顽强,珍惜生命的美好。

1. 活动时间:3 月

2. 活动对象:高一、高二年级学生

3. 活动内容:①以高一、高二年级各班为单元,对学校指定的林木进行认领;②认领后,需要查证该林木的学名,完成基本介绍,并绘制林木"身份证";③做好林木养护工作。

（二）我的"三分田"

基于高中学生的认知与能力,既要培养良好的基本劳动技能,又要提升劳动的价值。我校将劳动教育融入学科,以"三分田"为基础,培养基础种植能力的同时,将种植技术与学科学习探究相结合,提升现代化"农科＋"的劳动意识,在劳动教育中增强学生学科学习探究能力,以及生涯规划的意识,进一步提高学生"会劳动、爱劳动、尊重劳动、珍惜劳动、创新劳动"的良好品质。

1. 活动时间:2—6 月

2. 活动对象:高一年级

3. 活动内容:依据时令进行相应的耕作种植,日常进行种植园的维护工作。主要活动有:①开学时进行开垦仪式;②2 月—3 月征集种植园名称,并进行春播;③4 月—5 月进行维护、培育、收获,并开展课题研究活动。

（三）我的"三分河"

深入学习贯彻习近平总书记关于生态文明重要论述精神,结合绿色校园环境要求,以学生劳动教育为支撑,充分利用学校环境,建立健全学校长效治理机制,营造"水清、岸绿、景美"的良好环境,让学生以实际行动成为学校河道责任人,理解和落实"保护环境,人人有责"的理念,提升学生的责任感,加强劳动意识。

1. 活动时间:2—6 月

2. 活动对象:高一、高二学生

3. 活动内容:①依据学校"河长制"相关要求,每班在值周时组建小组,成为校园内池塘、河道的安全卫生责任人,每天中午进行巡逻并将情况记录在"河长制"记录本中。②结合学科知识和学校天文航天特色,开展校内水生态环境平衡和密闭空间水生态平衡的课题研究。

第九章　生涯的规划辅导
——终身发展的生命自觉

第一节　生涯规划点燃生命理想

生涯规划辅导是一种以个人为中心的综合性服务，目的是帮助个人在学习、工作和生活中做出明智的选择和决策，从而实现其生涯目标。对高中生开展生涯规划辅导的发展历程可以追溯到 20 世纪 60 年代。当时随着社会经济的发展，人们逐渐意识到职业生涯规划的重要性，开始开展职业教育和生涯辅导。在此期间，主要的生涯规划辅导方法是职业测评，如 Myers-Briggs Type Indicator、Strong Interest Inventory 和 Campbell Interest and Skill Survey 等。20 世纪 80 年代至 90 年代，由于全球化和技术变革的影响，生涯规划辅导逐渐从职业教育转向全面的生涯辅导，包括情感和社交技能、决策和问题解决技能等方面。同时，一些新的生涯规划辅导方法也开始出现，如人际关系技能培训、模拟面试、求职技巧培训等。

21 世纪以来，随着社会的变化和经济的发展，生涯规划辅导已成为教育的一个重要组成部分，尤其是在高中生的生涯规划和职业发展方面。现在，生涯规划辅导包括一系列的服务和资源，如职业测评、职业咨询、职业技能培训、实习和就业机会等。同时，随着互联网和数字技术的发展，网络生涯规划辅导也得到了越来越广泛的应用，许多在线平台和应用程序已经为高中生提供了全面的生涯规划辅导。

生涯规划辅导可以帮助高中生了解自己的兴趣、价值观、能力和优势等方面，从而更好地了解自己的特点和需要，找到适合自己的职业方向，并设置合理的职业目标，这些目标会激励学生更加努力地学习。生涯规划辅导可以让高中生更加深入地了解不同职业领域的特点和要求，帮助他们更加清晰地认识自己未来的职业发展方向和目标，增强职业意识。在生涯规划辅导过程中，学生可以了解到不同职业的工作内容和相关知识，这些知识可以帮助学生更好地理解课程内容，激发他们对学科的兴趣。生涯规划辅导可以让高中生掌握有效的决策方法和技巧，帮助他们在面对职业选择和职业发展问题时，更加有把握地做出决策。生涯规划辅导可以让高中生更好地了解不同职业的优点和缺点，了解职业的未来发展趋势，正确地选择等级考科目，从而减小选择职业时的风险，避免做出不明智的决策。生涯规划辅导教育不仅帮助学生规划职业发展，还可以培养他们的自我管理能力，如时间管理、目标设定、决策能力等。通过生涯规划辅导，学生可以制定长期和短期的学习目标，明确学习计划和时间表，合理分配时间，更好地规划自己的学业。这些能力对于他们未来的学习和职业发展都非常重要。

2015年，我校申报了上海市高中生职业生涯规划辅导试点学校。为此，我们专门编撰了《高中生生涯规划辅导读本》，制定了相应的学生职业生涯规划辅导实施方案，开展了一系列职业教育体验和实践活动。通过对职业启蒙、职业榜样、行业调查、专业实践等四大领域的探索，学生可以将高中阶段的学业与未来专业、校园生活、社会现状联系起来，将个人目标与时代发展联系起来，努力提高思想觉悟，增强社会责任感，早日确定人生目标。

我校充分利用各种渠道的社会资源，为学生的生涯规划提供丰富的指导。首先，我校开展学生生涯教育的最大资源就是家长。因此，"父母课堂"就是在学生生涯教育的基础上应运而生的，旨在通过家长的帮助，在家校合作中，学生能够提前了解社会的各行各业，进行职业生涯体验，从而在体验中对将来为社会提供服务、为社会做出贡献有所期待。因此，在每学期开学时，我校都会从不同行业中挑选家长代表，组织召开"父母课堂"的活动筹备会。每班都会选出五位家长，他们会认真准备相关职业的演示稿和文字稿。家长利用班会和其他时间走进教室，以自身经历为蓝本，向学生介绍自己的职业和工作生活。通过家长的陈述，学生可以提前了解一些行业的工作性质和工作中的酸甜苦辣。对于很多学生来说,这将会是他们职业生涯的"启蒙课"。

其次,校友是学校开展学生生涯教育的又一大资源。张堰中学的办学历史已有 80 多年了,在这 80 多年的育人过程中,为国家输送了大批社会主义事业的建设者。这些校友遍布全国各行各业,在各自的岗位上为祖国建设贡献力量。这些年来,我校以"人生成长中的理想与信念"为主题,开展职业人物访谈,通过走出去、请进来的方式,与各行业的优秀校友进行面对面访谈,这些校友包括国务院特殊津贴获得者、航天科技工作者、大学教授、企业家、劳模、军人、国际志愿者、社工、运动员、作家等。同时,我校还以班级为单位,通过人物访谈,积极开展讨论交流,让学生感受校友风采,把握时代发展脉搏,坚定为祖国、家乡和社会主义事业发展做贡献的理想信念。

最后,社会也为我校的高中生职业生涯教育提供了丰富的资源。我校充分利用区教育局提供的平台,努力挖掘校内外资源,设计了内容丰富、形式多样、满足学生实际需求的分年段行业实践体验课程。我校在研究型课程中组织学生开展行业调查研究活动。学生以小组的形式选择自己感兴趣的行业,在导师的指导下,制订研究计划,进行深入的调查研究。

职业生涯规划教育是一种以评价人的个性特征和气质为基础,以人的职业生涯和人生价值的完美实现为终极目标的人生发展教育。在高中阶段实施职业生涯规划教育具有重大的时代意义和深远的战略意义,能为学生未来的人生选择打下坚实的基础。这是当今普通高中教育持续快速健康发展的内在要求,关系到每位学生的终身发展和未来幸福。

为全面贯彻落实教育部的相关文件精神,我校决定将生涯规划教育作为新课程改革和深化素质教育的重要内容之一,将增强高中生生涯规划意识作为学校德育工作的一项重要指标。为了深化职业指导在高中阶段的具体内涵和要求,提高生涯规划教育的针对性和实效性,我校采取课堂教学和个体咨询相结合、家长指导和学校教育相结合、学科渗透和专题讲座相结合、社团活动和社会实践相结合等多维同步指导系统全面实施生涯规划教育,将生涯规划校本课程建设作为实施生涯规划教育的主渠道。在国家《新课程标准》提出的"国家课程校本化"这一要求的基础上,结合我校特色,构建本校系统的、有梯度的生涯规划课程,并采取多种途径,不断完善生涯规划教育的课程体系,丰富生涯规划教育的课程内容,在最大程度上促进学生的生涯发展。

我校按照全面实施素质教育的要求和高中课程改革的精神,根据《上海市张堰中学课程规划》中"将校本课程与国家和地方课程有机融合,形成具有上海市张堰中学特色的课程体系"的具体要求,将生涯规划课程作为学校德育课程改革进一步的尝试与探索,并且将它定位为社团活动过程中的必修课,面向全体学生,连续三个学年,贯穿整个高中课程,共6学分。生涯规划课程采用"学习、实践、思考"三结合的教学形式,让学生树立职业规划意识,强化心理素质,提高心理调适能力和社会适应能力,帮助他们更好地认识自己,有积极、正确的职业观念,为终身发展奠定基础。

生涯规划课程是以班级心理辅导活动和班会活动为主要手段,以职业探索和职业生涯规划为主线,以学校适应、自我意识和职业生涯规划辅导为主要学习内容,以提高高中生心理健康水平和职业规划能力为主要目的的社团活动必修课。在生涯规划课程的设计中,我校坚持主体的参与性原则、课程的生成性原则、实施的多样性原则等三大原则。在主体的参与性原则中,我校重视主体的参与性,重视学习者的个体经验,让学习者能够拥有更多的机会积极参与教学过程,并根据学生生理和心理的特点设计教育方案,开展相关教育活动,规范教育管理过程,评价教育效果。整个教育活动要体现"以学生为本、围绕学生、为了学生"的理念,充分调动学生的积极性和主动性,实现学生自主设计职业生涯,体验相关职业生涯。在课程的生成性原则中,我校始终坚持真正的课程是教师与学生共同创造的教育经验,生涯教育课程的价值是在学生探讨自己的兴趣、需要和问题的过程中实现的,是内化于过程之中的。这意味着从课程内容的选择到课程的实施,生涯教育的取向都不应该是一个产物或一个事件,而是一个不断进步的过程,一个真正的创造过程。在实施的多样性原则中,我校重视高中生涯规划课程在内容、形式和结果上的多样性,既能满足学生多样化的需求,又能彰显学校培养多元化人才的理念。同时,还要建立家长合作支持的课程实施模式,努力发挥家长的作用,充分挖掘家长的资源,让他们成为学校职业生涯课程的参与者和实施者,为课程的实施提供支持,并努力引导家长成为孩子职业规划和职业选择的合作者和导师。

我校根据生涯规划课程的目标和内容,确立高中各年级生涯规划课程需要着重体现的内容。高一年级课程内容包括：有自我认知，能适应高中阶段的学习生活；根据自己的实际学习情况，规划切合的学业生涯；了解自己的性格、能力、兴趣倾向，初步选择和探索未来的专业、职业。高二年级课程内容包括：进一步增强自我认知，根据自己一年的发展，修订前一份学业规划；全面评估智力、兴趣与人格特质，做出文理分科选择；通过社会实践、参观见习等活动，对未来从事的职业建立感性认识。高三年级课程内容包括：明确自己的高考志愿，了解高校与专业，运用科学的复习方法，调节学习节奏和心态，不紧张、不焦虑，提高学习效率；了解人才市场需求和专业发展趋向，选择合适的专业。

表 9 - 1　生涯规划课程内容及实施方法

维度	年级	内容组成	实施方法
学业发展	高一	▲ 了解高中课程 ▲ 培养良好的学习习惯，学会制订计划、时间管理等 ▲ 了解学科特点，适应高中学习 ▲ 制定初步的学业规划	1. 举办初高中知识衔接讲座 2. 实施主题班会和主题教育课指导 3. 学科渗透学法指导 4. 个性化教育，"资普生"导师辅导 5. 针对各个年级举办不同主题的专题讲座
	高二	▲ 学法巩固 ▲ "加三"学科指导 ▲ 调整学业规划 ▲ 研究性学习指导	
	高三	▲ 提高应试技巧，提升学业成就 ▲ 高考复习策略指导 ▲ 资优生、学困生辅导	
生涯发展	高一	▲ 了解生涯规划的概念、意义 ▲ 培养初步的生涯规划意识 ▲ 职业初体验	1. 举办与生涯相关的专题讲座 2. 利用社团课进行生涯主题的研究型学习 3. 利用家长资源，做职业探究的调查 4. 以综合素养评价为契机，体验职业，做志愿者服务 5. 以"今天我怎样成长"为载体，邀请优秀毕业生讲述他们的生涯经历 6. 社会实践课程——学农、十八岁成人仪式等
	高二	▲ 制定初步的职业生涯规划 ▲ 了解大学教育与大学专业的划分 ▲ 职业探究	
	高三	▲ 确定职业范畴 ▲ 对自己目标院校的录取分数、专业等情况进行详细了解，比较理性地填报志愿	

（续表）

维度	年级	内容组成	实施方法
生活技能发展	高一	▲ 高中生活适应（新学校、新班级、新生活） ▲ 养成良好的生活习惯（"八养成"教育） ▲ 安全与生存技能指导 ▲ 文明礼仪指导（自我管理）	1. 军训拓展体验 2. 主题讲座 3. 校园文化活动——四月四节 4. 志愿者服务活动
	高二	▲ 掌握沟通技巧，提升人际交往能力 ▲ 树立责任意识，勇于承担（"六负责"教育）	
	高三	▲ 树立感恩意识（"六感恩"教育） ▲ 了解社会，学会与他人沟通	
心理辅导	高一	▲ 情绪控制与自我心理调适 ▲ 培养健康的异性交往态度与行为 ▲ 培养团队意识	心理课程教育
	高二	▲ 学习压力舒缓 ▲ 进行个人特质与职业发展的测试	心理知识讲座
	高三	▲ 高考心理调适指导 ▲ 学习应对困难的态度与技能	心理知识讲座

　　生涯规划课程的内涵是帮助学生认识自身、了解环境并做出合理和有效的抉择。从学生个体的发展角度来看，一个学生能否根据自己做出的预期的职业规划来努力发展，就是生涯规划课程是否成功的衡量标准之一。由此，学校根据生涯规划课程的特点构建了相适应的课程评价体系。学校通过相关问卷调查，对生涯规划课程的内容和形式以及生涯规划课程的实际效果进行了评价，听从多方意见，根据课程实施情况，努力健全和完善评价体系，促进生涯规划课程的不断发展。生涯规划课程内容评价分为三个等级："非常有启发""大部分内容让我很有收获"和"基本没什么收获"。对生涯规划课程教学形式

的评价也分为三个等级："非常丰富，非常喜欢""大部分还是蛮喜欢的"和"比较单调、无聊"。

对于学生个人发展方面的评估，学校采用真实性评价的方式，即要求学生通过完成一个真实的任务来证明自己对必要知识和技能的掌握和应用能力。评价的对象主要是学生的学习产品、学习过程和进步程度，其中包括学生的自我评价。

在教学中，学生完成的真实产品样本有：海报、个人自我规划表、职业愿景图、口头表演和日记等形式。在学习的过程中，表现为各种交流和有效的团队合作，以及为完成任务所使用的一切策略、决策和技能等。这些学生个体发展的内容主要是通过"档案袋"的方式来进行记录和测评。

为了更好地实施生涯规划教育，把生涯规划教育工作具体落到实处，相关的组织管理机构建设必不可少，只有设立专门的组织管理机构，才能从体制上保证生涯规划教育在学校教育中的重要地位。学校应设立生涯规划教育指导机构，负责在全校各个年级开展生涯规划教育工作，积极完善生涯规划课程实施的配套措施；协调培训机构培训师资；建立并实施课程评价机制，评价学校生涯规划课程的实施效果等事项。

学校建立了由专门的校领导负责，相关职能部门和生涯规划课程教师参与的学校生涯规划教育管理机构，逐步形成了以生涯规划课程教师为骨干，班主任、团队干部为主体，全体教师参与的生涯规划教育工作体制。有了制度保障，才能使生涯规划教育工作层层有人管理、面面有人负责。

学校采取各种方式进行积极的宣传，使生涯规划教育的理念深入人心。例如，学校尝试构建高中生生涯发展指导专题网站、开辟生涯规划教育专题宣传栏等，有助于对学生进行职业生涯探索、职业生涯规划、职业生涯决策等教育活动。同时，加强对家长的宣传和教育，转变家长观念，让家长广泛和深入地了解生涯规划教育的作用和深刻意义，从而让家长积极地参与学校的教育活动，支持学校的教育改革，帮助学校实施良好的生涯规划教育，促进学生的发展。

在学校的统一领导下，拨出专项经费投入学校生涯规划教育工作，用于师资培训、业务进修以及课时支出。在量入为出、收支平衡的前提下，优先教学经费，让教学工作的中心地位在财务预算中得到体现。同时，为确保资金足额投入生涯规划教育,学校还需要加强资金监管,建立健全监督机制,确保资金能够足额、充分、高效地使用。

生涯规划教育是一项专业性的工作,这就要求生涯规划课程教师必须具备专业知识和技能,能够通过各种渠道提供有效的服务。因此,学校首先要培养一支具有职业发展指导意识,并掌握职业发展指导的知识和能力的优秀教师队伍(以班主任为主)。生涯规划课程的教学方法打破了人们熟悉的教学模式,在课程教学过程中,需要生涯规划教师、班主任和心理教师三者的协调和配合:具备生涯规划专业知识和技能的教师需要承担教学任务;心理教师要对学生在认识自我,制定、管理和调整生涯规划,规范和调整行为的过程中,出现的心理问题及时进行指导;学生在管理和调整生涯规划的过程中,需要班主任的参与。为了更有效地增强教师生涯规划教育的能力,学校可以聘请相关领域的专家对具备一定能力的教师进行专业培训,设立生涯规划辅导员能力指标和相应的培训课程,如举办专题讲座、专题讨论等,让学校教师与专家面对面,快速提升教师生涯规划指导的水平。

第二节　岗位实践体验职业素养

高中正处于职业生涯的成长探索期,高中生职业生涯规划的目标是要充分认识自己和了解自己的未来职业,学习职业生涯规划的理念和方法,进而决定自己的职业生涯目标和发展方向,最终实现自我价值。

开展社会实践活动对高中生来说,是引导他们走出校门,接触社会,了解国情,将理论与实际相结合,向群众学习的重要渠道。因此,在职业生涯规划中,学生的社会实践体验显得尤为重要。通过社会实践体验职业教育主要是创造生动的场景或将学生置于真实的职业场景中,让学生产生强烈参与的欲望,然后在场景中获得充分的体验,并引导学生讨论、交流、分析,让学生共同理性思考,促进集体反思、自我理解，提高学生的自省和内化能力，使学生能够从容处理未来从学校向工作过渡的过程中面临的诸多与职业选择相关的问题，包括升学选择、文理选择、兴趣或技能培养选择、职业选择等。

社会实践体验式生涯规划教育以学生为主体，以真实的职业环境为背景，以生涯发展活动为途径，倡导"面对不同的学生，实施不同的教育，实现不同的发展"，让每个学生都有一个适合自己的"最近发展区"，愿意主动选择目标。此外，它还体现了教育过程中的体验性和学习方法中的探究性，将"老师把知识带给学生"变为"老师把学生带给知识"，将"课本是学生的世界"变为"世界是学生的课本"，帮助学生认识自己，探索工作世界，进行科学定位，合理规划未来。在实践体验教育过程中，要充分注意调动学生的主动性，让学生学会学习和决策，促进学生自我完善和自我发展。在实践体验活动中，要做到"学中做、做中学"，倡导实践第一，深入培养学生的市场意识、竞争意识、团队意识。

社会实践体验式生涯规划教育是以学生社会实践为主线的，而且社会实践作为高中学生德育教育的主营地，备受重视。因此，学校、家长、学生纷纷投入社会实践活动之中。现在学生社会实践逐步向基地化、制度化、课程化方向发展。然而一些社会实践活动过度追求形式创新，却忽略内容的有效性，使得参加活动的学生无法扎扎实实地进行实践，而是专注于"创新"和"包装"。因此，我们需要对实践活动的开展进行科学合理的规划和引导，完善导师制，避免不切实际的实践活动。

在我国，中学生生涯规划教育目前正处于起步阶段，大部分学校还没有将其纳入整体教育规划中，也没有贯穿学校教育的全过程。虽然有一些学校开设了生涯规划方面的课程，但多以选修课的形式开设，没有形成完整的体系。因此，要形成个性化的生涯规划指导，我们还有很长的路要走。如果生涯规划指导不能落到实地，那么在校学生将会缺乏清晰的自我意识和职业意识，使得他们设定的职业目标模糊不清，不切实际，导致学生考上大学后对自己的专业不满意，今后就业也会产生问题。

生涯规划课程开设的模式是多样的，而社会实践体验式职业生涯活动同样有多重模式，这些模式更客观、直接地让学生对未来的职业进行了解与选择。我们从学生自我出发，以学生为本，让学生选择适合自己的体验模式，了解职业、规划自我,其中有人物访谈、行业体验、"岗位"体验、志愿者服务等。

第一,采访职场人物。职场人物生涯访谈是通过与一定数量的专业人士(通常是学生感兴趣的人)交谈,获取关于某个行业、职业的"内部"信息的一种职业探索活动。通过对职场人物的采访,在校学生可以了解相应岗位的要求,正确认识自己的优势和劣势,也可以检验自己的生涯规划是否科学,是否真正适合自己,从而做出更加合理的生涯规划。

第二,深化行业经验,了解行业发展的前景和趋势。通过对我们所了解和感兴趣的行业进行深入的研究,采访行业内有代表性的企业、机构中的相关专业人士,完成以下内容:了解行业概况、行业现状、发展趋势、所需技能、福利待遇、工作状态等,撰写行业调研报告。在对行业有了清晰的认识之后,既可以增强自己的自信心,也可以为自己的生涯规划提供科学的依据,进一步明确自己的发展方向。要做好行业体验,首先,所选择的企事业单位在行业内应处于上、中、下三个水平,以便更好地判断行业的现状和前景;其次,所采访的行业人物或企业领袖要熟悉行业的发展;再次,应规范撰写行业调研报告,使对话交流和信息收集统一。

第三,进行"岗位"体验。企业在招聘员工时往往会要求其有工作经验,所以企业实习经历对于毕业生了解职场、提高就业竞争力有非常重要的作用。通过对目标企业进行入职体验,一方面可以找出自己与在职人员的真实差距和自己与目标岗位的真实差距,为修改完善生涯规划提供指导;另一方面也能够帮助自己了解工作世界,探索专业内容,为个人职业发展做参考。要做好本项工作,第一要选择自己感兴趣的企事业单位,在单位的安排下了解自己所热爱岗位的相关工作;第二要主动学习礼仪和办公室常用工作方法;第三要做好实践交流和总结工作。

第四,参加志愿者服务或者义务工作。自市教委发布关于学生在高中三年学习课程内完成相应志愿者工作的要求后,学生便怀有一腔奉献社会的热情,想体验各种原先由于年龄问题而被拒之门外的志愿者工作。而在高中生职业体验中,志愿者岗位是首选的。利用志愿者岗位,学生可以体验不同岗位的要求,获取职业岗位所具备的知识。跟课堂教学相比,志愿者服务更多点新鲜感和乐趣,因此也更受学生的欢迎。在志愿者服务以及义务工作中,需要注意以下几个方面:学校主动做好宣传,组织学生利用假期时间加入单位,深层次体验;对相关单位进行监督,以备突发事件的发生;学生应该自行安排好时间,争取参加相应的志愿者工作,多角度了解社会。

学校政教处与团委联合对学生感兴趣的职业进行排摸调研,从学生选择的感兴趣职业以及我校学生毕业后入职率较高的职业入手,再针对性地联系相关企事业单位,联合设置职业生涯社会实践体验岗位。

学校联系了部分企事业单位的窗口、酒店管理运营综合办公室、银行、社区医院、区镇级图书馆、金山卫铁路、金山北站、枫泾旅游公司、敬老院、阳光之家等近二十几家单位作为学生社会实践体验合作单位,每年寒暑假期开放近500个职业体验岗位,满足学生社会实践体验的需求。

学校将所有职业体验岗位进行整理,在校方公布岗位之后,学生可以根据自己的兴趣进行有序报名投档,学校组织模拟面试,条件适合的同学优先录取。这也为学生未来面对真实就业面试积累经验。

表9-2　职业体验岗位相关要求

活动地点	活动内容	行规关注点
金山惠民银行	前柜接待、经理助理	分享资源　服务集体
金山铁路	引导乘客排队购票、乘车	遵守规则　维护秩序
石化海鸥大厦	接待顾客、打扫客房	接待来宾　传递文明
阳光之家	与阳光之家的学员互动,做手工、玩游戏,开展文艺活动	关心弱小　传承美德
张堰图书馆	整理图书,管理图书	爱护公物　保护环境
金山医院	给病人提供服务	分享资源　服务集体
枫泾古镇	景点引导员	参观游览　公德为先
敬老院	与敬老院的爷爷奶奶聊天谈心,帮助他们整理房间	孝敬长辈　传承美德
张堰南社	爱国主义教育课题实践	爱党　爱国　爱人民

第三节　全员导师助力学生成长

　　学校全员导师制是指学校中所有教师都参与学生的辅导工作,为学生提供全方位的学习、生活和职业规划指导。20世纪80年代初期,个别国家发起了"全员导师计划"。该计划旨在提高学校教职员工的素质和能力,通过教职员工的协同合作,为学生提供更全面的辅导和关怀,促进学生的全面发展。20世纪90年代,该制度得到了推广。许多学校将全员导师制度纳入教学计划中,并通过制定导师制度的相关政策和规定,确保导师制度的有效实施。随着全员导师制的不断发展和完善,越来越多的国家和地区开始采用这一制度,如英国的"个人导师制"和澳大利亚的"学习顾问制"等。

　　我国的导师制活动由来已久,近年来,学校全员导师制的发展也逐渐得到重视。随着教育改革的不断深入,越来越多的学校开始探索全员导师制的实施模式,并逐步将其纳入教育教学工作中。学校全员导师制的实施,通常需要建立一系列的制度和流程,如全员导师培训、全员导师制实施方案、全员导师制评估等。在该制度下,学校所有教师都将扮演导师的角色,与学生建立密切的联系,为他们提供课程建议、学习指导和个人成长方面的支持。该制度的实施可以有效提高学生的学习成绩,增强他们的自信心和自我管理能力,促进学生在学习和生涯发展方面的成长。此外,通过全员导师制,教师之间的沟通和协作也将得到增强,有助于建立更为紧密和融洽的师生关系,提高学校整体的教学水平和师资队伍素质。

　　从2020年起,我校开始推进全员导师制工作。全员导师制要求教师需按照一定的机制匹配到每个学生,通过与学生建立师生关系,与家长建立合作的家校关系,引导学生全面发展,进行有效的家校沟通,建立起科学的现代学校治理体系,促进每一个学生健康快乐成长。

　　学校全员导师制的总体目标是通过建立"学生人人有导师,教师人人做导师"的制度,切实增强全体教师的教育意识和能力,深化班主任与学科教师的合作,优化教师与家长的沟通,缓解学生过重的学业压力、情感压力和家长的教育焦虑,重构与现代教育管理体系相适应的和谐师生关系、家校关系、亲子关系,打造家、校、社共育的中小学生全面发展支持网和身心健康守护网,这将会显著提高学校教育的针对性和有效性。

　　对导师我们也进行了分类,分为首席导师和一般导师。首席导师即班主任,一般导师即任课老师。首席导师是导师团队的核心,除了要履行导师的基本职责外,还要履行所在班级的班级集体文化建设和导师队伍的建设和管理职责。在实施过程中,首席导师要统领全局,负责安排班级学生和导师结对,落实班集体的整体常规事务;每月组织班级导师研讨会;召集本班导师团队定期召开思想分析会、经验交流会,及时了解班级整体情况,分析班级存在的问题,落实班级管理的各项措施;最后还要聚集整个导师团队,为团队成员做好班级工作提供指导与帮助,特别是要助力年轻导师的成长。

　　我们在前期实践的基础上设定了导师的基本职责:①政治思想引导。关注学生的道德品质和思想动态,引导学生正确认识自我,树立正确的人生观、世界观和价值观,培养和提高思想政治素养。②心理咨询。研究分析学生人格心理特征及其成因,有针对性地进行辅导,帮助学生缓解心理压力,消除心理障碍,完善人格,引导人格发展。③职业指导。让学生了解个人发展与职业规划的关系,培养宏观的、前瞻性的职业态度和信念;引导学生体验和探索职业生涯,进行职业选择。④纪律监督。以校纪校规的要求,加强学生日常行为规范教育;以中华优秀传统的要求,加强学生的品德修养。⑤生活倡导。关心学生的日常生活,了解学生的家庭情况,引导学生明确人生目标,端正人生态度,学会生活,热爱生活,珍惜生活,形成良好的生活习惯,提高生活质量。⑥学业咨询。激发学生的自信心和学习的主动性,引导学生掌握科学的学习方法,培养良好的学习能力,解决学业困难,提高职业素质和技能,促进全面发展。⑦家校沟通。与被指导学生家长做好家校沟通,建立陪伴、支持、互动、合作的家校关系,开展科学有效的家校沟通和家庭教育指导。

　　学校对导师布置的基本任务是导师的工作设置"3+",其中"3"包括:一次学生家访,即班主任或联合导师要在每学期开学前,进行一次学生家访或电话访问(每学年一次家访,每学期一次电话访问);一次与学生的交心谈话,即导师要在每学期重要考试前后、学生人生重大变化等关键时间节点与学生谈心,进行家校沟通;一次书面反馈,即每学期结束时,导师要着眼于学生本学期的成长发展,以肯定和鼓励的眼光充分挖掘学生的"闪光点",写符合学生实际情况的"成长寄语",给学生和家长一次书面的反馈。"+"指的是导师对学生学科的辅导。

在具体结对活动中,我们遵循以下原则:①心理特殊学生原则上由班主任担任导师,心理老师辅助。②行规特殊学生在年级组统一汇总名单后,由年级组长、支部书记、年级组行政领导担任导师。③学习薄弱学生由相对而言某一门较弱学科的老师担任导师。一位导师所带的学生分层组合,起到互帮互助的效果,一般人数不超过10人。

通过实践,学校的"全员导师制"能引导教师在日常教育教学工作中融入人文关怀,厚植教育情感,坚定了教师坚守奉献的理想信念,为学校发展创优提质。

附:导师辅导案例

坚守初心润桃李　奉献青春绽光华

沈　洁

一、案例背景

2022年新学期开学不足一个月,新冠疫情的"倒春寒",让人始料未及,也不得不再次启动线上教学模式。昔日的"三尺讲台"如今却变成了一台电脑、一部手机。在这个全市上下奋勇抗击疫情的非常时期,"张中人"不忘初心,迈着坚定的步伐,全面开启了"停课不停教,停课不停研"的绚丽篇章。疫情当前,我们在"教育前线"继续"战斗",疫情防控不松劲,教育帮扶不放松。如何做好"学困生"转化工作,不让一个学生掉队,是我们"张中人"的努力方向与不懈追求,也是全面履行全员导师制的客观要求。下面结合具体育人案例就"学困生"的转化问题,谈谈我的想法。

二、案例描述

小Q同学(化名)比较特殊,一是高二分班时未选化学,高三才改选并转到现在的班级,她比其他同学少了整整一年系统学习化学等级考内容的时间,知识脱节;二是疫情期间,其父母都在抗疫一线,小区封控时独自居住,自己料理饮食起居,需兼顾学习和生活,很不容易。

由于小 Q 是我作为导师结对的学生,所以我跟她的交流相对较多。知道这些情况后,我对她更加关注了。我深知,教育乃"心灵的转向","没有爱就没有教育",国内外教育发展史上,无数教育家都论证过这点,现代教育理念也倡导要"以人为本"。教师应始终把学生的发展放在首位,真心实意地关心呵护每位学生,尊重个体差异,重视个性发展,以真心换真心,教育和影响学生,而学生从教师身上得到的关爱,将化为他们学习的力量源泉和强大动力。

于是,我主动找到小 Q,除了询问她生活上哪里需要帮助外,也勉励她既然以后立志从医,毅然决然地中途改选了化学,光是这份勇气与魄力就非常人所及。那么也请相信,只要从基础抓起,踏踏实实跟着老师学,也一定可以在离等级考不多的日子里攻克化学,赶上大部队,拿到均分。这无疑给了区一模考只有 22 分,按等级划分只能拿 E,一度快要放弃化学的她满满的动力与希望。有了信念做支撑,小 Q 在化学上又重新燃起了希望。我鼓励她每节化学课后都暂留在腾讯会议室,及时对课上没听懂的环节进行提问。而小 Q 从一开始被我问"这节课听懂没""哪里没听懂",到后来主动提问,并积极对课堂上的重点知识和错题进行整理归纳,再到现在随时随地找我 QQ 或微信答疑,她在逐渐靠近化学、接纳化学、拥抱化学,甚至如今每天都会毫不犹豫地选择先做化学回家作业,慢慢地喜欢上了化学。作为她的任课老师及导师,我感到无比欣慰与幸福。经过我的指导,小 Q 也进一步优化复习策略,通过列出"知识盲点"和"思维堵点",每天进行"挂单作战",逐一攻破自己的"障碍点",使复习效益最大化。

时光不会辜负每一个认真努力的孩子。在月考中,小 Q 化学考了 46 分,不再是班级垫底,期中考 57 分,刚结束的周考 65 分,连续三次都进入了班级化学学习进步榜。虽然依旧没到均分,但对于小 Q 来说,我知道这有多么不容易。我也相信,在下一场考试中,她会取得更大进步,最终赶上大部队,超过均分,收获属于她的胜利果实。

疫情下的每个人都承担着不同的角色,肩负着不同的使命,但正是这样那样点滴的感动与热血,让我们相信,"严冬过尽绽春蕾",我们必定会打赢"疫"考和高考两大攻坚战,取得最终的胜利!

三、案例反思

通过这个案例,结合几年班主任工作及教学经验,我悟出了一些教育规律,有了自己的一些粗浅认识,特别是如何转化"学困生"。

"学困生",顾名思义,即学习上有困难的学生。由于对学习缺乏兴趣,学习动力不够强烈,有着不良的学习习惯和不正确的学习方法等原因,导致他们基础薄弱,因此往往表现得较为自卑和胆怯,同时他们的自尊心又比较强,不愿意主动寻求帮助,较少获得他人的关注与认可。作为任课老师,既有责任也有义务帮助"学困生"尽快走出学习困难的现状,帮助他们解开心灵的枷锁,努力调整学习状态,慢慢地爱上学习,爱上生活,坚定理想信念,彰显青春担当。要实现这一目标,就需要教师对"学困生"进行深入观察和细致分析,充分了解他们当前学习困难的具体表现及学习困难的形成原因,正视学生的个体差异,"对症下药",因材施教。

首先,关爱学生。从小 Q 的案例中不难发现,尊重、理解、信任、包容这些因素在教育学生的过程中是缺一不可的,而所有这些的前提便是"爱"。"目中有人""心中有爱"是转化"学困生"的秘诀。关爱学生就要走近学生、了解学生、理解学生、适应学生、欣赏学生、鼓励学生,与其建立民主、和谐的师生关系,平等交流,彼此尊重,用足够的耐心与细心去帮助他们,想学生之所想,忧学生之所忧。"亲其师",才能"信其道",当学生感受到我们发自内心的赤诚关爱时,自然会袒露心声、采纳建议、开发潜能、改变自我,而后一步步走向成熟、走向成功。

其次,激发兴趣。正所谓"兴趣是最好的老师",教学经验亦证明了这一点。调动学生学习的主观能动性,使其对学习充满好奇心和新鲜感,可以起到事半功倍的效果。高中课程知识点多、思维容量大、教学进度快,"学困生"想问题大多浮于表面、浅尝辄止,缺乏钻研精神,对稍微复杂的问题更是有畏难情绪,不相信自己有能力可以解答,往往会选择放弃。这就要求教师改变传统的授课方式,创新教学、寓教于乐。如可以设置丰富多样的学生活动,使紧张压抑的被动接受变为轻松愉快的主动学习,或是创设真实生活情境,使抽象深奥的知识变得形象灵动、便于理解,让"学困生"体会到成功的喜悦,从而激发学习兴趣,爱上学习。

再次,因材施教。十个手指尚有长短,学生更是有其个体差异性。由于基础薄弱,学习及行为习惯存在不足,"学困生"势必达不到教师的高标准、严要求。倘若教师不转变观念,仍然一味地以这些标准来要求他们,那么必然会使得改变"学困生"的过程中面临诸多困难。这就要求教师学会因材施教,根据孩子的个性特点、兴趣爱好和发展特长等,确立不同的培养目标,实施差异化的教育方法,从而完成对学生的塑造。尤其对待"学优生"和"学困生"要分层教学,对"学困生"可适当降低要求,以夯实基础为首要任务,帮助他们强化双基、稳扎稳打,拿到能力范围内可拿到的分数。同时,要多多鼓励与肯定,树立他们的学习信心。长此以往,相信"学困生"定会慢慢转化。

最后,特别辅导。"罗马非一日建成","学困生"的"困"非一天所致,要想转化也不是一朝一夕能完成的。他们由于长期的认知特性、学习态度、学习习惯、学习环境条件等原因造成如今的"困"。要想改变现状,势必要对其成因进行细致深入的分析和研究,制订查缺补漏的学习计划,并利用课余时间"开小灶"进行一对一辅导。同时,对"学困生"的作业应采取当面批改、当面指导的形式,及时发现问题并辅导纠正,把"特别的"爱给"特别的"他们,帮助其更快成长。相信取得进步后,"学困生"会提高学习主动性,变"要我学"为"我要学",进入良性循环,取得更大进步。

"教育是一棵树摇动另一棵树,一朵云晃动另一朵云,一个灵魂影响另一个灵魂。"著名教育家雅斯贝尔斯如是说,我深以为然。教师在教育过程中应用爱心、耐心、细心去呵护每个灵魂,不抛弃、不放弃每位学生,牢记"用爱浇灌",帮助他们茁壮成长。

时光如梭,岁月如歌。不知不觉,我的教学生涯已有七年。在与学生的相处过程中,我学到了很多。关爱学生,可以让厌学的孩子变得积极好学;关爱学生,可以让孤僻安静的孩子变得温暖开朗;关爱学生,可以让忧郁悲观的孩子变得乐观豁达。更重要的是,"关爱教育"不仅教会学生如何学习,更可以"言传身教"地教会他们如何做人,使其在成长中体会学习的乐趣。

一路走来,一路收获,不问辛苦为谁忙,唯愿坚守初心润桃李,奉献青春绽光华,使每一朵"祖国的花朵"都能精彩绽放。疫情防控还在继续,线上教学我们依旧坚守,尤其是"学困生"的帮扶工作,一刻也不能放松。道阻且长,行则将至,行而不辍,未来可期!

参考文献:

[1] 邢云.班主任工作漫谈[J].教育教学论坛,2011(2):153-154.

[2] 余莉.班主任教育工作中的"以生为本"[J].华夏教师,2012(12):106.

[3] 卞素兰.以生为本情理交融[J].考试周刊,2010(10):230.

第十章 学习的时空拓展
——教育实践的全域推进

第一节 研学旅程的知行合一

学生校外研学活动是指学生在学校以外的地方进行一系列的实践活动和体验学习，旨在丰富学生的课外生活和知识体验，拓宽学生的视野和认知，提高学生的综合素质和能力。这些研学活动包括实地考察、社会实践、野外探索、文化交流、科技创新等，一般需要学生走出教室，到自然、社会、文化等实践场所进行探究和体验。学生通过参与活动来获取知识和技能，发现问题并解决问题，提高综合能力。

研学活动让学生有机会走出课堂，到实际场景中学习，接触不同的自然和社会环境。这些全新的环境能够促使学生产生新的学习兴趣和思考方式，进而拓展知识和技能。参加校外研学活动需要和同伴合作完成任务，也需要与陌生人进行交流互动。这些活动能够让学生锻炼社交技能，如沟通能力、合作能力、领导能力等。通过参与校外研学活动，学生可以了解社会上存在的问题，从而产生社会的参与感，有助于培养学生的社会意识和社会责任感。

研学活动在培养人的过程中发挥着重要的、不可替代的作用，成为深化课程改革的关键。我校的"绍兴游""苏州游"已成为学校活动的惯例。在此基础上，我校积极探索"绍兴""苏州"研学旅行课程，使之成为学校课程的一个重要组成部分。

基础教育是国民教育的基础,推进课程改革向纵深方向发展,党和国家高度重视实践教育在学校课程建设中的地位和作用。《教育部等11部门关于推进中小学生研学旅行的意见》提出,各中小学要结合当地实际,把研学旅行纳入学校教育教学计划中,统筹考虑综合实践活动课程,促进研学旅行和学校课程的有机融合。同时,教育部印发的《中小学综合实践活动课程指导纲要》指出,要充分认识综合实践活动课程的意义,确保综合实践活动课程全面开设到位,切实加强对综合实践活动课程的精心组织、整体设计和综合实施,不断提升课程实施的水平。

学校通过研学初探,以校本教材为载体,拓宽学生的视野,丰富他们的知识,了解"绍兴""苏州"的自然和人文环境,提高学生的学习兴趣;通过研学探究,在研学的实践过程中,增加学生对集体生活方式和社会公共道德的体验,提高他们的自我管理、自我教育、自我发展的能力,培养学生的社会责任感、创新精神、团队合作精神和实践能力;通过研学研究,在完成研学课题的同时,提高学生解决问题的能力,增强学生的生涯意识,为学生的生涯发展奠定基础,全面提升学生的综合素养。

在实施的过程中,学校坚持安全性原则、育人性原则、实践性原则、连续性原则及自主性原则等五大原则。在安全性原则方面,要以预防为重、确保安全为前提,建立健全安全保障机制,做到"活动有方案,行前有备案,应急有预案"。课程的组织领导、课程活动涉及的带队人员、活动地点、活动内容、服务车辆、师生饮食起居、往返路线等,都要进行科学合理的规划安排,确保师生安全和课程内容顺利开展。在育人性原则上,做到主题向上、目标明确、内容丰富、体会深刻,注重系统性、知识性、科学性和趣味性的统一,将家国情怀、民族精神与核心能力等的培育有机融合,为学生全面发展提供良好的成长空间。在实践性原则上,引导学生走出校园,去探究、去学习、去体验、去实践,让学生在不同于日常生活的环境中,多层次、多维度地接触和体验社会,开阔视野,丰富知识,了解社会,亲近自然,将书本知识与生活经验进行深度融合。在连续性原则方面,要注意研学课程是学生体验教育的重要内容,对提高学生综合素养具有重要意义。课程内容设计要立足于学生可持续发展的要求,设计长期和短期的主题活动,使研究活动的内容具有连续性、渐进性和长效性。在自主性原则方面，在研学课程选择主题和活动内容时，要注重学生自身的发展需求，尊重学生的自主选择。学校领导、老师共同参与活动，也鼓励家长志愿者积极参加活动。

我校的社会实践活动已有多年的实践基础和经验，如高一年级与语文教材相结合，根据鲁迅的《三味书屋》设计了"带着课本游绍兴"的实践主题；高二年级则设计了"鉴赏苏州之美"的实践主题。在这两个实践活动的基础上，我校进一步拓宽研学旅行的研究方向，丰富课程内容，使学生真正"读万卷书，行万里路"。

研学课程的实施需要科学规划、有效落实，需要不断探索和研究，更需要进行周全的考量。研学课程的有效推进，需要我校广大教师和家长的大力支持，需要召开家长会、师生座谈会，广泛征求意见，让老师、家长、学生了解研学活动的重要性和必要性，为研学活动的推广奠定良好的基础。

同时，要确定研学课程的实施时间，为课程的实施保障课时；根据课程主题和内容，设计符合我校实际的校本研学课程，以此为基础，制定《教师研学旅行指导手册》，组织教师根据课程主题进行备课、磨课，最终确定教案、PPT 等，形成研学活动课程教学教案；制定《学生研学旅行指导手册》，学生一人一册，从"你知道研学旅行吗""学校研学旅行方案""研学旅行安全小贴士""我的研学旅行美照""研学旅行小课题""研学旅行收获"等方面，引导学生记录研学过程。

学校对语文、地理、历史学科老师（抑或对研学感兴趣的其他任课老师）和班主任进行培训，成立"研学导师团"。两者分工明确，学科老师与学生共同进行基于校本教材的研学初探，班主任指导学生组织研学活动。师资力量的配备保障研学活动课程的持续性和发展性。

在活动中，学校组织学生分组交流研学经验，运用多种沟通方式，如写日记、写游记、制作 PPT、分享旅行照片、制作海报等，分享研学成果；指导学生自主选择自己感兴趣的研究主题，确定研究方向，形成研究小组，与综合素养评价平台的研究性课题相结合，做成相关课题，上传至综合素养评价平台。

学校重视对在研学活动中表现优异的班级和学生进行表彰奖励；积极组织"研学风采"系列展示活动，让学生体验研学旅行的成功；不断加强研学活动课程资料的收集与整理，进一步精心选取学生的优秀作品汇编成册，不断完善别具特色的校本教材；认真总结和推广活动的成功经验和做法，不断丰富我校研学课程内容,进一步开展丰富多彩的研学活动课程。

附:学生研学后感

寻找苏绣

高二 康允斌

"月落乌啼霜满天,江枫渔火对愁眠。姑苏城外寒山寺,夜半钟声到客船。"许多人对苏州山水的憧憬往往是缘于这首《枫桥夜泊》。

苏州的星子真的像清霜一样吗?傍晚的时候真的有两三渔火绵延吗?所谓"读万卷书不如行万里路",研学这项活动便应人文复苏而孕生。研学的目的当然不只是去寻找小桥流水、古船明月,而是在于引导学生主动适应社会,促进书本知识和生活经验的深度结合。

本次苏州研学去的是苏州的拙政园一带。虽然旁边有寺庙,却不是寒山寺。又恰逢十月的艳阳高照,自然无从寻找那诗里的姑苏,梦里的星子。

可除了那江上的渔火,自然还有姑苏城中的渔火。在一片黑暗中冉冉升起,照亮了苏杭的人文,点缀了一代又一代词人词眼的渔火——苏绣。而我此行研学的目的便是苏绣。

说起苏绣,它自然是苏州三绝之一,也是青莲居士笔下的"翡翠黄金缕,绣成歌舞衣"。但若仅仅是如此,百代从无变化,自然无研学一说。众所周知,苏绣在近日被列入非物质文化遗产,政府大力呼吁保护传统文化,并加大宣传力度。研学前自然是要做一些研究的,通过上网搜索,我发现苏绣盛于清朝,而清朝离现代不过百来年。是什么原因让苏绣沦落到如此地步?除却外国资本入侵的历史原因,也许存在一些其他的上网搜索不到的因素。早在研学前,我便确立了对这个命题的探究。

跟随大部队从拙政园里出来,我便找到了苏绣。不过她不是诗里记载的那副矜持模样,她就那样被人装在白色或灰色的塑料袋里,或者就那样被扭曲着身体摊在阳光下面,仿佛是一个家道中落的贵族不得不为生计出来干活的狼狈模样。她头上,"苏绣批发"四个字金晃晃地闪着。她身旁,"百年传承吴门刺绣"的牌坊扣在厂家直销的白牌子上,与一旁"男扇女扇一律十元"的广告相互依靠着,仿佛是抱团取暖,在资本的冷气中苟延残喘。这一幕深深触动了我,我大中华的非物质文化遗产,代表中国江南文化的苏绣竟成了批发货?

后来,在采访环节,苏绣老师也提到了这个问题。中国现代的年轻人多对苏绣无感,那么如何将苏绣传承下去呢? 老师在 PPT 上放了扇子、徽章,以及各种融合了苏绣元素的东西。没错,这其中包括十元一把的扇子。老师其实只是说了苏绣的销售方法,让苏绣拥有可以传承下去的经济基础。后来又林林总总地说了几个问题,我始终都没有听到关于传承苏绣精神的措施。资本的冷气又让我打了个寒战。

我想在那一刻我便已经找到了苏绣沦落到这般地步的原因:中国的社会发展太过于着急了,手工艺人才和设计人才为经济所迫,不去想办法提高苏绣的质量,却想尽办法提高苏绣的销量和知名度。固然有不少大师真心传承苏绣精神,不慕名利,可在这天下熙熙而往的大势下,又有多少真心与气魄淹留。

月落乌啼霜满天,我站在姑苏的一角,仿佛看到了那位落榜学子张继,落榜让他一夜无眠,落榜却又成就了他留名千古。在张继的年代,他默默无闻,而往后的年代,他声名大噪。世上的许多事物也是如此,就如苏绣一般,也许将苏绣精神摒弃,融合进资本运输,能让苏绣这一艺术形式保留下来,可是在它成为徽章、扇子十块钱卖出去的时候,灵魂就已经消逝了,只剩下了资本的冷气。

书本上当然不会告诉我们这些道理,而研学则让我们看清楚社会背后是如何运行,让我们将书本知识与实际结合起来。如今的当务之急是培养年轻人,而研学则能帮我们从"非遗"的表象中走出来,传承对祖国的热爱,对苏绣的热爱,而不是等到百年以后我们对于苏绣的认识只剩下了批发商品与昂贵的奢侈品。研学精神,便是那月落乌啼下的江枫渔火,永远在我们青年人的心头燃烧,摆脱资本的冷气。

第二节   行规教育的明礼守正

在校外参观实践活动中,行为规范教育是非常重要的一环。行为规范是参加校外活动的学生应该遵守的一些基本行为准则,我们注意从言行举止、安全卫生、公共秩序、文明礼仪等方面开展行为规范教育。言行举止规范是校外参观实践活动的基本要求。学生应该注意自己的言行举止,遵循社会公德,尊重他人的权益。同时,学生应该注意礼仪和形象,保持良好的精神面貌,运用良好的沟通交流方式。安全卫生规范是校外参观实践活动学生必须遵守的规范之一。学生应该注意自身安全,保证自己的身体健康。同时,学生还应该遵守参观实践场所的安全规定,不乱扔垃圾,不随意触摸、破坏公物等。公共秩序规范是指学生参加校外参观实践活动时,应该尊重公共秩序,不干扰其他人的正常活动。学生应该遵守场馆的规定,避免过度嬉闹和大声喧哗,维护场馆的正常秩序。文明礼仪规范是指学生参加校外参观实践活动时,应该注重自己的文明礼仪,尊重他人的感受和习惯。学生应该遵循一些常规礼仪,如排队、让座、不说脏话等,以及特定场合的礼仪要求,比如在宗教场所中穿戴规范,不在特定场合吃东西等。

通过行为规范的教育,可以帮助学生养成良好的行为习惯和社会价值观念,提升自身素质和修养,避免出现不良的行为举止和不文明的社会行为。同时,行为规范的教育也是校外参观实践活动顺利进行的重要保障之一。中学生是国家和社会主义现代化建设的预备队,寄托着国家和民族的希望。中学生行为规范教育,则是中学教育教学的重要组成部分,是德育的重要内容,是关系到他们健康成长,成为社会栋梁的关键。行为规范水准的提高将直接影响到学生整体素质的提高,又将直接影响到整个社会的文明程度的提高。

为培养"文明、诚信、爱国、守法"的张中学子,学校从三年高中行规教育的整体性出发,将行规教育活动化、系列化、综合化,以情境式场馆教育为行规教育载体,设计多种打卡活动,从课堂到校园,从校园到社区。基于各年段行规教育目标,学生以"必选＋自选"的形式进行场馆打卡,在活动体验中将"行规"内化于心、外化于行,将行规他律转变为个人自律,自觉践行知行合一,继而在打卡活动中厚植学生的家乡情——金山情,激发他们的家国情怀。

学校通过设计四类不同的场馆的行为规范要求和打卡活动,强化学生的行规意识,把行规教育化为日常的行为自觉,起到"润物细无声"的效果。

Ⅰ类打卡场馆:校内日常场馆。教室、寝室、食堂是学生校园生活日常的打卡地,是塑造学生行为规范意识的日常阵地。班级公约、各种功能教室的使用规则,如实验室规则、艺术教室规则、体育馆规则、寝室管理制度、食堂用餐制度等,都对学生的行为进行了基本规范。根据这些规范,《手册》上教室主题,以"有序""好学""规范"为关键词进行打卡签章;教室也会成为考场,《手册》特附一页进行"诚信"签名,累积诚信积分;《手册》上寝室主题,以"自律""责任""爱心"为关键词进行打卡签章;《手册》上食堂主题,以"有序""节俭"为关键词进行打卡签章。Ⅰ类打卡场馆通过打卡活动,引导学生遵守各场馆的基本规则,让学生成为"有规矩——遵纪守则"的人。

Ⅱ类打卡场馆:校内特殊场馆。操场、图书馆、报告厅、校史馆、天文航天馆等场馆,是重要的校园文化环境,作为行规教育的重要场馆资源,不仅应该教育学生遵守相应的场馆场地使用规则,更要在这类场馆中基于规则进行情怀教育。《手册》上操场主题,记录升旗仪式上"国旗下的讲话"的感想;打卡图书馆,记录"我最喜爱的一本书";打卡报告厅,记录"我最印象深刻的一场报告";打卡校史馆,写下作为今日张中人的"志向"豪言;打卡天文航天馆,用科技故事点燃爱国热情。Ⅱ类打卡场馆通过打卡活动,引导学生注重人文情怀,爱护环境、尊重他人、爱班护校、志向远大等,让学生成为"重情怀——执礼有节"的人。

Ⅲ类打卡场馆:社区共建场馆。南社纪念馆作为我校爱国主义教育基地,是每位学生必到的红色打卡之地。在这个特殊的场馆,除了守序有礼,学生更要接受史学、文学、美学、爱国主义教育的熏陶。而这个场馆也是让学生从学校走向社会的一个转折。为此,《手册》上专门设计南社主题,打卡"南社一角",记录学生在南社学习参观的特别印象;附页"我做南社宣讲员",学生可以申请做一日南社专题宣讲志愿者,点亮"学习之星"。此外,打卡张堰历史人文风情馆,讲述"张堰镇与我的故事";打卡张堰公园,拍摄一张"我与张堰公园"的合影;打卡白蕉艺术馆,记录白蕉的生平事迹;打卡华侨书画院,体验书法活动;打卡朱鹏高艺术馆,记录"我印象最深的一幅作品";打卡陈氏楼(走马楼),手绘回字楼的建筑结构;打卡闻万泰非遗展示馆,品尝"闻万泰"酱菜的味道;打卡大隐书局,寻找"我最喜爱的一本书";打卡钱家祠堂,体验专业篆刻和剪纸活动。Ⅲ类打卡场馆通过建立学校与社区的联系,帮助学生走出校园,走进社区,在艺术渲染中让学生成为"求发展——乐学善思"的人。

Ⅳ类打卡场馆:社会公共场馆。学生根据自己的兴趣,在生活中打卡各类社会公共场馆,并在《手册》上记录下来,比如一大会址、博物馆、天文馆等,遵守场馆规则和社会公共秩序,在有序的环境中拓宽视野、学习知识,并且愿意参加各类场馆的志愿者活动,点亮《手册》上的"志愿之星"。Ⅳ类打卡场馆通过打卡活动,引导学生提升自我、服务大众,让学生成为"会做人——进取感恩"的人。

打卡
校园特殊场馆

图书馆
📍 上海市张堰中学白蕉楼底楼

图书馆内设备先进,服务功能齐全,是学生理想的第二课堂。全馆实际面积470平方米,采用了整体设计,分为藏书区、学生阅览室、借阅区、教师阅览区、会议室等几个部分。图书馆有着丰富的藏书资源,借阅区以顺时针环形布局,按"中图法"排列,提供全开架服务。同时,结合学校办学特色,设有文学、思政、历史、天文等专题图书区域。

【场馆细则】

• 借书制度

（1）凡本校学生借书，必须遵循图书室规定，持借书证与学生证办理借阅手续，借书证只限本人使用。

（2）每次借书不得超过三本，借阅时间为两周。每学期末清查一次书籍，收回所有外借书刊。

（3）凡借阅者必须妥善保管图书，不得在书刊上批注、勾画、撕剪，不得转借或丢失，否则按规定赔偿。

• 阅览制度

（1）阅览室内报纸、期刊、书籍只限室内阅览，不外借，更不得带出室外。

（2）学生凭学生证进入阅览室。

（3）不准在阅览室内喧哗、大闹，要保持安静。

（4）本室所有读物，应该爱护，不得涂抹、撕页、损坏。

（5）阅览室内不准吃零食，不随地吐痰，不乱扔纸屑，不吸烟。

（6）本室所有报纸、杂志、书籍阅读后必须放回原处，不要乱扔乱放。

• 电子阅览室使用安全管理制度

（1）学校电子阅览室向个人开放时，学生需凭本人学生证进入，向图书管理员登记。

（2）进入本室要保持安静，爱护计算机，听从管理人员的劝导。

（3）未经老师同意，不得使用外来移动磁盘(如 U 盘等)。

（4）上机时，不得收看不健康内容，不准玩电子游戏。

（5）严禁私自删除、移动和复制各种程序，并且不得更改各种软件设置。

（6）不得随意挪动和拔插各种硬件设备。

（7）计算机如有异常情况，应立即通知管理人员。

（8）使用结束后，应按程序要求，安全退出后再关闭显示器。

在图书馆，需要完成的打卡任务有：	
□ 记录"我最喜爱的一本书" □ 记录"我最喜爱的一段话"	

五星评价打卡	☆☆☆☆☆

校史馆

📍 上海市张堰中学明德楼三楼北侧

　　张堰中学校史馆取名为"张堰书院",源于 1942 年 8 月时的校名馆内"百年张中,八秩风华"字样便是"张堰书院"的主题。校史馆以时间顺序为轴,以史叙事,以物系人,分为"峥嵘岁月""盛世华章""开启未来"三个展示单元,呈现了学校的既往发展史、突出成果和办学特色项目。自建馆以来,每一届新生都会进行参观,在志愿宣讲员的介绍下沉浸式感受过往,更加生动地走近"历史现场"。

【场馆细则】

　　(1) 参观者应按规定提前预约,听从工作人员的引导和安排。

　　(2) 参观者应爱护馆内展品和公共设施,确保公共财产安全。禁止触摸、损坏馆内展品或私自带走各类展品。

　　(3) 参观者应妥善保管个人物品,相互礼让,文明参观。禁止追逐嬉闹、大声喧哗等扰乱正常参观秩序的行为。

　　(4) 禁止携带危险物品进馆,严禁明火。

　　(5) 遇突发事件时,参观者应遵照应急指引,迅速撤离至安全区域。

　　(6) 团队参观应至少提前 1 天预约,本馆将视具体情况确定并告知团队参观时间。团队人数较多时,参观团队应按本馆工作人员安排分批次入馆参观。

在校史馆,需要完成的打卡任务有:	
☐ 写下作为今日张中人的"志向"豪言	

五星评价打卡	☆☆☆☆☆

闻万泰非遗展示馆

⊙ 张堰镇百家村高桥路 **2158** 号

　　"闻万泰"酱菜厂是一家百年老字号,成立于 1850 年。酱园分东西两部分:东为东万泰,西为西万泰。光绪二年(1876 年)转让后,将东万泰改为"公和",西万泰改为"万恒"。1956 年,"公和""万恒"均改为公私合营企业,1959 年并为一家,改称"公万恒酱园"。1964 年改为张堰食品厂酿造车间。1991 年,酿造车间由朱建平收购,成立民办企业,即现在的"闻万泰"酱菜厂。多年来,酱菜厂在朱建平的潜心经营下,进一步在品种和口味上研发改良,使酱菜风味独特,既保持瓜果蔬菜的清香味,又有浓郁的酱香味,食之鲜香脆嫩,咸甜适中。

在闻万泰非遗展示馆,需要完成的打卡任务有:	
□ 品尝"闻万泰"酱菜的味道	

成果展示	
(我的收获)	(场馆敲章)

第三节 "四月四节"的百舸争流

校园文化彰显着学校的发展方向,引领着师生的行为,陶冶着师生的情操,促进着学生的全面发展。校园文化体现在学校的各种活动中,我校根据实际情况,开展"四月四节"的校园文化活动。学校的主题活动节和主题活动月是指学校组织的一系列围绕特定主题或事件而开展的活动,通常在一定时间范围内进行。主题活动节通常是在一年中固定的时间进行,如学校的文化艺术节、体育节、科技节、读书节等,而主题活动月则是在一个月内围绕特定主题或事件进行相关活动,如学校的理想起航月、心理活动月、劳动创造月、学科竞赛月等。

主题活动节和主题活动月旨在通过丰富多彩的活动方式,增强学生对特定主题或事件的认识和理解,激发学生的学习兴趣和创造力,提高学生的综合素质。这些活动包括但不限于课堂教学、展览、比赛、演出、志愿服务、文艺表演、科技创新等形式,学生可以在活动中获得更加丰富的知识和技能,培养创新精神、实践能力和社会责任感。同时,主题活动节和主题活动月也有利于促进师生之间的互动与交流,加强校园文化建设和校园文化氛围,增强学校的凝聚力和向心力。为了对学生进行思想道德教育,培养良好的思想品德和行为习惯,我校在不同的月份提出了不同的活动主题规划。

3月是心之所向——心理活动月。学校以发展性心理健康教育和积极心理学的理念为指导,围绕主题开展各种心理健康教育活动,宣传普及心理健康知识,营造良好的校园心理氛围,引导学生自我探索,增强自救互救能力,推动身心的健康发展。在此期间,学校举办心理讲座、制作心理小报,并做心理活动作品展示。

4月是学之所用——学科竞赛月。学校以拓展书本知识,培养学科兴趣和素养为目的,开展各类学科竞赛,为学生学以致用提供平台,鼓励学生自主思考,锻炼独立解决问题的能力；引导学生就感兴趣的学科进行深入学习和实践，有效提升学科素养，提高学习能力，为今后发展打下良好基础。学校在英语方面，进行词汇、阅读、综合竞赛；在数学、物理、化学、生物、地理方面，进行知识竞赛；在语文方面，进行古诗文、写作竞赛；在政治方面，进行时政竞赛。

5月是劳之所育——劳动创造月。学校为贯彻全国教育大会精神，落实《中共中央国务院关于全面加强新时代大中小学劳动教育的意见》，通过组织开展劳动实践，引导学生在劳动过程中，体验劳动创造美好生活，树立正确的劳动观，掌握基本的劳动技能，形成勤于劳动的良好习惯，尊重普通劳动者，培养勤奋踏实、创新奉献的劳动精神。学校举办"温馨教室""温馨寝室"评比活动，展示"劳动精彩瞬间"，此外，还有关于劳动的征文以及主题班会。

6月是阅以修心——人文读书节。为落实学生课外阅读，培养良好的自学能力和阅读能力，学校组织开展人文读书系列活动，激发学生课外阅读兴趣，在阅读中引导学生正确面对复杂多彩的世界，开阔视野，丰富知识储备，不断提高综合素质，使学生身心健康成长，潜能得到充分发掘，从而更好地应对未来社会的需要和挑战。学校展示中国文学作品、外国文学作品，以及举办"一周一书"的推荐活动，在暑期，学校还布置假期阅读任务。

9月是锻以养身——阳光体育节。学校以推广全民健身、弘扬体育精神为目的，组织开展阳光体育节，调动学生的主动性和积极性，切实增强学生参与体育锻炼的意识，有效提高身体素质，让学生在竞争与合作中感悟体育精神，迎接挑战、超越自我，培养勇于拼搏、团结协作等优秀品质。学校举办大年体育节、小年运动会、分期子项目班级竞赛等活动。

10月是梦之所系——理想启航月。学校以爱国、自律、奋进为核心，加强学生理想教育，引导学生立足现实，树立远大理想，培养自主管理能力，鼓励学生适应时代所需，为实现理想而努力奋斗。学校将学生个人奋斗目标与中国梦相联系，培养他们成为新时代有理想、有道德、有文化、有纪律的"四有"青年。学校举办自主管理比赛、爱国主义教育大讲坛，建立学生思想论坛。

11月是创以致新——科技创新节。"科学技术是第一生产力"，加强科技教育是实施素质教育的重要途径。学校开展科技创新活动，为学生实践科技创新提供重要平台，有利于活跃校园科技创新氛围，激发学生对科技的兴趣，提高创新能力,增强实践能力,使学生初步认识、理解科学的本质,以及科学技术与社会的关系,培养学生的社会责任感和交流合作能力,以及综合运用知识解决问题的能力。

12月是美以育德——文化艺术节。学校以推进素质教育为主导,开展校园文化艺术节活动,有助于活跃校园文化氛围,丰富学生的文化生活,提高综合素质和能力,培养"自信、开放、创新"的意识,为学生展示自我提供一个舞台,培养学生对真、善、美的追求,展现积极乐观的精神风貌。

学校的主题活动节和主题活动月可以为学生提供一个更加丰富多彩的学习和生活环境,提供更多的参与机会,让学生在课余时间积极参加各种丰富多彩的活动,有效地丰富了学生的课余生活。主题活动节和主题活动月往往涉及多个领域,包括文化、科技、体育等多个方面,可以让学生接触到更多的知识和信息,拓宽视野,增长见识。在每年的系列主题活动节和主题活动月中,需要更多的学生组织、协作完成各项活动,很好地培养了学生的团队协作精神、组织能力和领导才能。通过学校的主题活动节和主题活动月,营造了多彩的校园学习风气,可以让学生感受到学校浓郁的文化氛围,极大地增强了学生的集体归属感和荣誉感。

图书在版编目（CIP）数据

全域视角下学校"五育"并举的实践与创新 / 胡建明著. — 上海：上海教育出版社，2023.8
ISBN 978-7-5720-2187-9

Ⅰ.①全… Ⅱ.①胡… Ⅲ.①高中－教学管理－研究 Ⅳ.①G637.3

中国国家版本馆CIP数据核字(2023)第144885号

责任编辑　顾　翊
封面设计　周　亚

全域视角下学校"五育"并举的实践与创新
胡建明　著

出版发行　上海教育出版社有限公司
官　　网　www.seph.com.cn
地　　址　上海市闵行区号景路159弄C座
邮　　编　201101
印　　刷　上海盛通时代印刷有限公司
开　　本　700×1000　1/16　印张 13
字　　数　206 千字
版　　次　2023年8月第1版
印　　次　2023年8月第1次印刷
书　　号　ISBN 978-7-5720-2187-9/G·1950
定　　价　80.00 元

如发现质量问题，读者可向本社调换　电话：021-64373213